AF360796

INTRODUCTION

A LA

GEOGRAPHIE.

TOME SECOND,

Contenant la SPHERE.

INTRODUCTION

A LA

GEOGRAPHIE,

AVEC

UN TRAITÉ DE LA SPHERE.

TOME SECOND,

Contenant la SPHERE.

A PARIS,

Chez ETIENNE-FRANÇOIS SAVOYE,
Libraire, ruë S. Jacques, près la Fontaine
S. Severin, à l'Espérance.

M. DCC. XLVI.

Avec Approbation & Privilege du Roi.

PREFACE.

LA connoissance de la Sphere étant comme la clef de l'astronomie, de la gnomonique ou science des cadrans, de la navigation, & de la geographie, le Traité que nous présentons aujourd'hui au public doit être regardé comme un Traité préliminaire à la géographie que nous publions en même temps. L'un & l'autre partent de la même main ; c'est le fruit d'une longue étude & de l'application constante du même auteur. Feu M. Delisle, convaincu que de touts les objets qui tombent sous les sens, celui qui nous frappe le plus est l'univers, ou le monde visible, étoit aussi persuadé que rien ne devoit plus piquer la curiosité des hom-

mes que de chercher à connoître la
disposition, le nombre, la grandeur,
les distances & les mouvemens des
corps que ce monde visible renferme
dans son immensité; de sçavoir comment ces grands corps qu'on nomme
Planetes, roulent sur nos têtes, &
comment le Soleil peut produire en
même temps des apparences si di-
verses, & même si contraires, sur
la surface de la terre. Aussi ces connoissances ont-elles été l'objet des réflexions, des recherches, des discus-
sions des peuples les plus anciens,
& pour ainsi dire, la science de touts
les temps & de touts les pays.

Nous ne prétendons point donner
l'histoire de l'origine & des progrès
de cette science. Ceux qui ont quelque lecture des anciens, n'ignorent
pas que de l'aveu même des Grecs,
la connoissance des Astres, & la
science établie sur les observations
de leurs cours & des Phénomenes cé-

leſtes, qui eſt l'Aſtronomie proprement dite, doit ſon origine aux Aſ-
ſyriens, Babyloniens ou Chaldéens,
qui ſont les mêmes, auſſi bien que
cette autre partie pleine de ſuperſti-
tions, qui regarde les effets & les
influences des Aſtres, qu'on appelle Aſtrologie Apotéleſmatique, ou
Sphere Barbarique, quoiqu'anciennement les deux noms ayent été con-
fondus. Plus un peuple a cultivé les
ſciences, plus il a fait auſſi de progrès dans celle de la Sphere ; & c'eſt
une gloire particuliere que l'on ne
peut refuſer aux François, d'avoir
fait ſur cette matiere les découvertes les plus ſûres & les mieux ap-
puyées, & d'avoir écrit ſur le même
ſujet avec le plus d'ordre, de méthode & de clarté.

On trouvera ces avantages dans
l'ouvrage de M. Deliſle. Tout ce qui
pourroit faire quelque peine aux
commençans, il l'explique avec tant

de netteté, que l'application la plus légere suffit pour l'entendre. Un habile Mathématicien souhaitoit il n'y a pas long temps qu'on eût un Traité de la Sphere, dont la bonté & l'excellence répondissent à l'importance de la matiere. Nous osons presque dire que l'Ouvrage que nous publions doit remplir ces souhaits. C'est au moins le témoignage que nous en ont rendu de profonds Astronomes à qui nous l'avons communiqué. Nous desirons à notre tour que le public confirme leur jugement.

TRAITE'

TRAITÉ
DE LA
SPHERE.

CE QUE C'EST QUE LA SPHERE.

De la beauté & de la nécessité de cette Science, & d'une nouvelle maniere de l'expliquer.

E mot de SPHERE se prend diversement.

1°. Pour un corps solide compris sous une seule superficie, au milieu duquel est un point appellé centre, dont toutes les lignes droites tirées à la superficie font égales entr'elles, & dans cette signification une Sphere & une boule font absolument la même chose.

2°. Pour un instrument composé de divers cercles, & d'une petite boule au milieu, soûtenue par un fil de fer; & cet instrument sert à représenter la machine du monde & à expliquer les mouvemens que l'on suppose arriver dans le Ciel; & dans cette signification on l'appelle ordinairement Sphere armillaire ou artificielle.

3°. Enfin on donne encore le nom de Sphere à la connoissance de cette machine du monde, & des mouvemens du ciel & des corps celestes, & dans cette notion on pourroit l'appeller une Institution astronomique ou une Introduction à l'Astronomie, si ce n'est qu'une institution semble promettre un peu davantage, & que la Sphere s'arrête à ce qu'il y a de plus aisé dans cette institution.

Cette connoissance est curieuse en elle-même & d'ailleurs nécessaire à la Géographie, à cause que l'on ne sçau-

roit concevoir que par elle les propriétés locales des différens endroits
de la terre. Par exemple, pourquoi
dans certains pays les jours font toujours égaux aux nuits, & que dans
d'autres ils font prefque toujours in-
égaux : ce qui fait qu'il y a deux endroits dans le monde où il n'y a qu'un
jour & une nuit par an, l'un & l'autre
de fix mois. Ce que c'eft que les climats, ce qui caufe la différence des
faifons, & pourquoi quand nous
jouiffons ici de l'Eté, on a l'Hiver
en d'autres endroits; pourquoi il fait
fi chaud dans certains pays, & fi froid
dans d'autres, & quels font ces pays.

Toutes ces chofes, dis-je & beaucoup d'autres ne fçauroient être ex-
pliquées qu'en faifant le rapport des
endroits de la terre aux endroits du
ciel, aufquels ils correfpondent, &
elles s'expliquent affez aifément par le
moyen de la Sphere ; mais il y a beaucoup de perfonnes qui, ne voyant dans
le ciel que le foleil & la lune & les étoiles , & n'y découvrant aucun des cercles dont la Sphere eft compofée
croient tout ce que l'on en dit , à la

reſerve de ce qu'ils y voient, ſont de pures imaginations, qui n'ont aucune réalité ; & d'ailleurs ils ne 'çauroient ſe perſuader qu'on puiſſe raiſonner juſte ſur des choſes qui ſont ſi éloignées de nous, ni que l'on puiſſe d'ici meſurer la grandeur des aſtres, & de iner dans quel éloignement ils ſont de la terre, & autres choſes ſemblables.

Pour répondre à cela, j'avoue premierement qu'il n'y a dans le ciel aucun des cercles, ni aucune des lignes que l'on y a imaginées, & qui ſont repréſentées dans la Sphere ; mais la ſcience que l'on a formée ſur ces cercles & ſur ces lignes chimeriques, n'eſt pas moins ſolide & c'eſt une choſe merveilleuſe qu'avec ces imaginations & ces ſuppoſitions de choſes qui ne ſont pas, on ſoit parvenu à la connoiſſance de cé qui eſt tres réel, quoiqu'il ne ſe découvre pas à nos yeux.

Je répons en ſecond lieu, que ſi les perſonnes qui ne croient pas que l'on puiſſe raiſonner juſte ſur des choſes ſi éloignées, s'étoient appliquées à ces ſortes de recherches, ils pourroient bien changer de ſentiment,

Feu Monseigneur le Duc de Bourgo-
gne n'avoit pas crû qu'il fût possible de
trouver combien il y a d'ici au soleil, &
d'ici à la lune, puisqu'il en a donné les
moyens dans ses Elemens de Géometrie.
En un mot, si ces gens-la, pour ne
pas s'être appliqués à cette étude, ou
pour n'y avoir pas de goût, s'imaginent
qu'il faut la négliger comme frivole, ils
ne doivent pas trouver mauvais qu'on
appelle de leur sentiment à des gens
mieux instruits.

Il y en a d'autres qui voient bien que
toutes ces choses que l'on dit, ne peuvent être purement imaginaires, puisque l'on en prédit beaucoup, & qu'on
les voit arriver de la maniere qu'on les a
prédites, mais qui trouvent tant de difficulté à les concevoir, qu'ils les regardent comme au-dessus de leur portée.
Mais il semble qu'il ne seroit pas impossible de remedier à cet inconvenient,
si l'on vouloit un peu étendre les choses, qui paroissent trop maigrement &
trop succintement traitées, ou faire
des Commentaires comme Clavius ou
Clavius en a fait sur Sacrobosco. Si
quand les matieres sont trop séches on

vouloit y mêler quelque agrément, je
veux dire quelques queſtions de Phyſique ou autres choſes ſemblables pour
délaſſer l'eſprit; ſi quand les choſes ſont
difficiles à imaginer, on aidoit l'imagination par quelques figures, &c.

Mais il ſemble que la choſe, à laquelle on auroit le plus à travailler, ſeroit à l'ordre & à l'arrangement des matieres; car la maniere dont on les traite
m'a toujours fait beaucoup de peine.
On fait d'abord remarquer que la Sphere eſt compoſée d'un tel nombre de cercles, de tant de grands, & de tant de
petits. On les nomme & on les montre,
après quoi on entre dans l'expoſition de
chacun d'iceux, & l'on explique leurs
noms, & leurs différens offices ou uſages, ſans prendre garde, que pour concevoir tous les uſages d'un cercle, par
lequel on commencera, on doit ſuppo-
ſer que l'on ſçait beaucoup de choſes des
autres cercles ou de la Sphere en général,
ſans quoi il n'eſt pas poſſible de concevoir les uſages d'un cercle dont on parle. En un mot, on ſuppoſe preſque par-
tout que vous ſçavez déja ce que l'on ne
vous a pas encore montré, & ce n'eſt

qu'à la fin du Traité qu'une perſonne attentive, & à qui il ne ſera rien échapé de ce qu'on lui aura dit, commencera à comprendre les choſes qu'on lui aura dites dès le commencement, & par leſquelles on aura débuté.

Je trouve beaucoup d'inconvéniens dans cette méthode pour une perſonne qui étudie & même pour celui qui enſeigne, & quand j'ai été obligé de la ſuivre, je me ſuis preſque toujours trouvé embarraſſé à faire comprendre à un autre ce que je n'avois compris moi-même qu'après pluſieurs lectures de ces traités.

M. Gaſſendi s'étoit déja apperçu qu'il n'étoit pas avantageux d'en uſer de cette maniere, & il en a corrigé certaines choſes, comme je le ferai obſerver ci-après en quelques endroits. Un de nos derniers Auteurs y ayant travaillé avec plus de ſuccès, au moins s'eſt-il vanté d'avoir rendu cette ſcience plus facile qu'elle n'étoit auparavant ; & par l'ordre qu'il y a apporté de l'avoir miſe au nombre de celles que l'on apprend facilement. Je ne ſçais s'il a réuſſi, pour moi, voici l'ordre que je voudrois que l'on obfervât.

Ce feroit de donner une fuite hiftori-
que des obfervations & des découvertes que l'on a faites dans le Ciel, commencer par ce qui a été connu d'a-
bord, continuer par ce que l'on a reconnu dans la fuite, & expliquer la
maniere dont on l'a reconnu, pour
venir aux découvertes qui ont été faites dans les derniers tems ; & comme
je ne fçais pas s'il nous refte affez de
mémorial pour avoir confervé cette
efpece de tradition qui nous apprenne
par quel dégré on eft parvenu à cette
fcience, je voudrois que l'on eût recours à l'ordre naturel, & à l'enchaî-
nement des connoiffances à peu près
comme on fait en Géometrie, & que
fans faire rien fuppofer à une per-
fonne, on la conduife pas à pas au but
que l'on fe propofe, en bâtiffant toujours quelque chofe de nouveau fur ce
que l'on auroit déja établi ; & c'eft
pour cela même que j'ai reculé ce
Traité jufqu'à la fin de la Géographie,
& après la defcription du globe ter-
reftre, contre l'ufage le plus ordinaire
des Géographes, de Clavius, du Pere

Labbe, de Sanson, parce qu'il est bien
plus aisé de faire concevoir la descrip_
tion de la Terre que celle du Ciel, & que
la premiere influë en quelque maniere
dans la connoissance de l'autre.

Je ne présume pas assez de moi,
pour croire que j'ai réussi, mais j'ai crû
que je devois faire un essai de cette
méthode, afin que si on la trouve de
quelque utilité, on puisse la mettre en
usage, & que quelque personne plus
habile que moi, la rende bonne, en
rectifiant ce qu'il y aura de plus mauvais, & en perfectionnant une idée qui
me paroît être raisonnable, si elle est
bien exécutée. Que si je parle ici du ciel
un peu plus au long que les autres Géographes n'ont fait, c'est pour ne pas
tomber dans le reproche d'un sçavant
Mathématicien de notre tems, qui se
plaint que la plupart des Géographes
ont donné si superficiellement les principes de cette science, qu'ils n'en ont
laissé qu'une idée fort legere & très_
imparfaite.

DE L'ORIGINE ET DU PROGRÈS DE L'ASTRONOMIE, ET DES PRINCIPAUX AUTEURS ANCIENS ET MODERNES QUI S'Y SONT ATTACHÉS.

DANS les Ouvrages de l'Académie il y a un Discours que M. Cassini a fait sur l'origine & le progrès de l'Astronomie. J'en ai tiré plusieurs choses que j'ai inserées en divers endroits de ce petit ouvrage ; mais il y en a quantité d'autres qui m'ont paru trop recherchées pour y être mises.

Il y a de l'apparence que Dieu donna à Adam les premieres notions de l'Astronomie, en combien de tems le soleil & la lune faisoient leurs periodes, quelle periode devoit faire le jour, le mois & l'année, & qu'il communiqua ces connoissances à ses enfans. Ils purent s'aïurer de ces connoissances par leur étude & par leurs langues & observations ; car ils vecurent assez longtems pour cela, & Josephe assure qu'ils eurent soin de les transmettre à la posterité, en les écrivant sur des colonnes.

On juge par l'hiſtoire du Déluge, que les jours, les mois & les années devoient être à peu près comme elles ſont aujourd'hui, ſi elles n'étoient pas tout-à-fait ſemblables, & l'un des plus ſçavans hommes de ces derniers tems a cru que les années dont les Patriarches ſe ſont ſervies, n'étoient pas différentes de trois minutes de celles dont nous nous ſervons préſentement.

Le Déluge n'a pas ruiné toutes ces connoiſſances, & il y a de l'apparence que les Chaldéens & les Egyptiens les ont conſervées, ou au moins qu'ils les ont rétablies par leurs travaux. De l'aveu de tout le monde les Chaldéens ont été grands Aſtronomes, & l'on a trouvé chez eux des obſervations anterieures de dix-neuf cens ans à l'expedition d'Alexandre: ce qui remonte à des tems fort approchans de celui du Déluge.

On dit encore que Tharé, pere d'Abraham, s'appliqua fort à l'Aſtronomie, qu'il l'enſeigna à ſon fils ; qu'Abraham la porta en Egypte, mais il eſt certain que les Egyptiens de leur côté, ſur-tout les Prêtres, faiſoient une profession particuliere de cette science, & qu'ils l'attribuoient à Mercure, qu'ils prétendent avoir regné chez eux, & qui doit avoir vécu peu de tems après le Déluge.

On veut aussi trouver des Astronomes parmi les Grecs dans les tems fabuleux. On dit que la fable de Promothée attaché sur le Caucase, & dont le cœur étoit rongé tous les jours par un vautour, ne signifie utre chose que l'application infatigable de Prométhée à observer les Astres ; qu'Atlas étoit un grand Astronome, puisque l'on voit par Pline, qu'il a inventé la Sphere artificielle que nous entreprenons d'expliquer, & que c'est pour cela, selon saint Augustin, que l'on a feint qu'il portoit le ciel sur ses épaules.

Lucien dit que Phaëton a étudié le cours du soleil avec application, mais que la mort l'ayant surpris, il laissa cette connoissance imparfaite : cela joint à ce que dit Aristote, que du tems de Phaëton il tomba beaucoup de feux du ciel, qui causerent des incendies en plusieurs endroits, sera sans doute le fondement historique de la fable que les Poëtes ont débitée, que le Soleil avoit permis à l'haëton de conduire son chariot, mais qu'il l'avoit si mal fait, que plusieurs pays en avoient été brulés.

Enfin Pline au liv. 2. chap. 9. assure qu'Endymion, ce Berger renommé par les amours de la Lune, a été le premier des hommes qui s'est attaché à connoître le mouvement de cet astre. *Crescens semper aut senescens, & modò curvata in cornua, modò aquâ portione divisa, modo sinuata in orbem maculosa, eademque subitò pœnitens immensa orbe pleno ac repentè nulla, aliàs pernox, aliàs sera . . . . jam verò humilis & excelsa, & ne id quidem uno modo, sed aliàs admota cœlo, aliàs contigua montibus, nunc in Aquilonem elata, nunc in Austro dejecta . . . . quæ singula in ea deprehendit hominum primus Endymion, & ob id amore ejus captus, fama traditur.*

Mais pour dire quelque chose qui soit plus historique, il faut avouer que les Grecs ont été assez ignorans en Astronomie jusqu'au tems de Cyrus. On voit par Diogene Laërce, que Thalès rapporta de Phénicie en Grece

la connoissance des astres, & ce fut
sur cette connoissance que Solon re-
gla l'année à Athenes. Il fut suivi d'A-
naxymandre son disciple, de Pytha-
gore, dont les disciples firent de grands
progrès en Italie, de Cleostrate, & de
plusieurs autres.

Pytheus à Marseille se fit aussi renommer, tant pour cela, que pour s'ê-
tre avancé du côté du Nord plus loin
qu'aucun autre n'avoit fait, pour distinguer les climats par la differente longueur des jours & des nuits, & ce fut
vers ces mêmes tems que les autres Sçavans de la Grece prirent goût à l'Astronomie. Eudoxe, Aristote, Timocharis, Aratus, Hipparque, &c.

Strabon assure qu'Eudoxe fit les
voyages d'Egypte avec Platon, &
qu'ils porterent à Nectanebis des lettres d'Agesilas Roi de Lacédémone,
qu'il a vu en Egypte les endroits où ils
avoient demeuré, quoique d'autres
disent que ce fut avec un Medecin
nommé Crysippe, quoi qu'il en soit,
il y demeura seize mois & y apprit
bien des choses touchant l'Astronomie.

Aristote mourut près de cinquante

ans après Eudoxe , & deux ans feulement après la mort d'Alexandre , & vers ces tems-là Timocharis obfervoit dans la ville d'Alexandrie.

Environ quarante ans après la mort d'Ariftote vivoit Aratus , & quelques cent vingt ans après Hipparque de Rhodes , un des plus fameux Aftronomes de l'Antiquité.

Mais le principal de tous a été Ptolomée, que l'on a appellé le Prince des Aftronomes : il étoit natif de Pelufe , & fit fes obfervations à Alexandrie: *Magnus artifex* , dit Tycho Brahé , *& de tota re aftronomica adeò præclarè meritus , ut fine ejus operibus vix pateret ad hanc artem acceffus.* Il vivoit fous l'empire d'Adrien , & l'an 141. de J. C. temps où il fit fa derniere obfervation. Depuis lui je ne fçais rien jufqu'aux Arabes.

Il ne faut pas croire que les Mahométans aient toujours fait profeffion d'ignorance , comme quelques-uns s'imaginent ; il a été un tems que c'étoient les Arabes qui foutenoient les Sciences , & c'étoit le tems que nous appellons le Siècle d'ignorance. Environ l'an 820. le Calife Almamon de manda à l'Empereur de Constantinople les meilleurs livres grecs qu'il y eut & les fit traduire en arabe. Parmi ceux-la furent les œuvres de Ptolomée, sur-tout le livre qu'il appelloit de la Grande Construction, & qu'ils appellerent Almageste Ils s'appliquerent sur-tout á l'Astronomie, & ils l'ont beaucoup cultivée, ayant pour cela les mêmes avantages qui avoient excité les Chaldéens & les Egyptiens à faire des observations, puisqu'ils habitoient les mêmes pays. Ils avoient une école célébre a Cufa ou à Bassora, mais ils en ont aussi eu dans le Chorassan, province de Perse, dans la Transoxane & à Cordoue en Espagne. Alfragan & Albategnius ont été de leurs plus fameux Astronomes, & Almamon lui-même calcula les Tables astronomiques.

Mais il ne faut pas croire que ces sciences fussent absolument bannies des autres Nations. Le Pape Sylvestre II. que l'on appelloit auparavant Gerbert, & qui siégeoit l'an 1000, étoit excellent Géométre, Arithméticien & Astronome. Il est vrai qu'il fut soup-

çonné

çonné d'avoir appris ce qu'il ſçavoit en Eſpagne, & la Magie même ; mais Vignier le diſculpe. Il a été Précepteur de l'Empereur Othon III. & du Roi Robert, Archevêque de Reims, puis de Ravenne, & enfin Pape.

Dans le treiziéme ſiécle Jean de Sacroboſco, Profeſſeur en l'Univerſité de Paris, fit un traité de la Sphere, ſur lequel les plus habiles Mathématiciens de l'Europe ont fait des commentaires, entre autres Clavius, qui dit qu'il floriſſoit en 1232. Il mourut en 1236. & fut enterré aux Mathurins.

Mais la gloire de ce ſiécle, en ce qui regarde l'Aſtronomie, fut Alfonſe XI. Roi de Caſtille & de Leon qui voulant rétablir cette noble ſcience (environ 1250.) fit faire des Tables que l'on appelle Alfonſines, à la conſtruction deſquelles il dépenſa 400000. écus, au rapport de Ticho-Brahé.

Dans les tems poſtérieurs ont fleuri Peurbachius, né à Peurbach en Autriche, frontiere de Baviere, l'an 1423.

Le Cardinal Cuſa, qui mourut l'an 1464.

Jean Muller, appellé *Regiomontanus*,

né à Konigsberg en Franconie, & non pas en Prusse, comme plusieurs se le sont imaginé, l'an 1436.

Nicolas Copernic, né à Thorn dans la Prusse Royale, l'an 1472. & Chanoine de Varmie, qui mourut l'an 1543.

Ticho-Brahé, Gentilhomme Danois, né en Scanie l'an 1546. & mort l'an 1601.

Christophe Clavius, né à Bamberg, Jesuite fameux, qui a travaillé à la réformation du Calendrier.

Galilée qui doit être né environ l'an 1563. qui a été Professeur à Padoue environ l'an 1592.

Jean Kepler, qui nâquit à Wiel, petite ville imperiale dans le Duché de Wirtemberg l'an 1571. & qui étoit Professeur à Gratz l'an 1594.

Hevelius qui a fleuri à Dantzik, & qui est mort l'an 1688.

Enfin il faut remarquer dans ces derniers tems le P. Riccioli Jesuite à Boulogne, qui a fait un nouveau Almageste, *quod habendum quasi promptuarium thesaurusque ingens totius Astronomiæ. Vita Copernici.*

Gassendi, Chanoine de Digne, & Professeur Royal à Paris.

Messieurs Bouillaud, Cassini, La Hire, &c.

DU MONDE ET DE SES PRINCIPALES PARTIES.

AVant que de parler du ciel en particulier, & de ce que l'on y voit arriver, il faut dire un mot du monde en général, & des parties dont il est composé.

Le monde est composé de quatre parties principales, du ciel, de l'air, de la terre & de l'eau.

La terre & l'eau ne font qu'un corps solide que l'on appelle le globe terrestre. L'air est contigu à ce globe & il l'environne de tous côtés, & le ciel est dans tout le reste de cet espace, dans lequel nous voyons le soleil, la lune, & les étoiles, & il s'étend jusqu'aux extremités du monde,

L'espace que l'air occupe a été divisé en trois regions : la premiere qui est la plus basse, s'étend depuis la terre jusqu'aux nuées ; la seconde ou la moyenne région eſt celle qui enferme les nuées ; & la troiſiéme, ou la plus haute, s'étend depuis les nuées juſqu'au Ciel.

Il n'eſt pas beſoin d'avertir ici que toutes ces trois régions ont de la profondeur, on voit bien qu'il y a de la diſtance d'ici juſqu'aux nuées, & que ceux qui ſe ſont trouvés dans cette ſeconde région de l'Air, ont été obligés de monter conſidérablement pour y arriver. Il n'eſt pas moins certain que la région des nuées a auſſi de la profondeur, & qu'il y a de la diſtance entre la ſuperficie concave ou intérieure de cette région, & la ſuperficie convexe ou extérieure ; & une preuve de cela, eſt que nous voyons ſouvent des nuées dans des élévations fort différentes, c'eſt-à-dire les unes bien au-deſſus des autres, & qui ſont même agitées par des vents contraires. Enfin quoique les choſes qui ſont au-deſſus de la moyenne région de l'air, nous paroiſſent être toutes dans la même diſtance, & qu'il ſemble que des nuées qui paſſent au-deſſous de la lune la frolent & la raſent en paſſant, néanmoins on ſçait,

à n'en pas douter, qu'elle est incom-
parablement au-dessus des nuées.

La premiere région de l'air envelope
immédiatement le globe terrestre ; la
deuxiéme envelope la premiere ; & la
troisiéme envelope la premiere & la
seconde, & même le corps de la terre
& de l'eau, qui est au milieu de tout
cela ; ensorte que cette masse de la
terre & de l'eau, qui est si vaste & si
pesante, se trouve suspenduë au milieu
des airs, comme seroit au milieu d'une
grande chambre une petite boule qui
seroit soutenue de rien, & qui seroit
également éloignée du platfond du par-
quet & des murailles de la chambre.

On croyoit autrefois qu'au dessus des
trois régions de l'air il y avoit du feu
qui faisoit son envelope, comme l'air
faisoit les siennes, & cela s'appelloit
la Sphere du feu ; mais on est présentement persuadé qu'il n'y en a point, &
que le feu n'a point de région dans le
monde qui lui soit propre, comme en
ont l'air, la terre & l'eau.

Voilà quelles sont les principales parties de l'Univers au nombre de quatre,
comme nous avons dit ; d'autres ne lui

en donnent que deux, qu'ils appellent le monde célefte & le monde fublunaire. Le monde célefte comprend le ciel avec tous fes flambeaux ; & le monde fublunaire, que l'on appelle auffi le monde élémentaire, enferme les quatre élémens ; fçavoir, la terre & l'eau, l'air & le feu, qui font des corps fimples, avec tous les corps qui font compofés de ces quatre élémens, & que l'on appelle des corps mixtes.

DU CIEL EN PARTICULIER; DE SA FIGURE, ET DE SA MATIERE.

NOus avons déja dit que le Ciel occupoit toute l'efpace qui eft depuis la troifiéme region de l'air, jufqu'aux dernieres extremités du monde; & que c'étoit là où étoient tous les luminaires que nous voyons au-deffus de nous, fçavoir le foleil, la lune & les étoiles.

Comme cet objet, qui eft celui de l'Aftronomie, eft fort éloigné de nous, ce n'eft que par les obfervations des Phénomenes, c'eft-à-dire, de ce qui nous paroît arriver dans le ciel & dans les aftres, que l'on peut acquerir cette fcience. Auffi font-ce ces obfervations qui en font les véritables & les plus folides fondemens ; car fur plufieurs obfervations que l'on compare les unes avec les autres, on devine comment toutes les parties de l'univers doivent être arrangées, & c'eft là ce qu'on appelle un fyftême, ou une hypothéfe, par laquelle on tâche de rendre raifon de tous les Phénomenes qu'on obferve, & de faire du ciel & des aftres une fcience au moins conjecturale.

Il y a cette difference entre un fyftême & une hypothéfe, qu'un fyftême eft une chofe que l'on pofe comme véritable, & qu'une hypothéfe n'eft qu'une chofe que l'on fuppofe, comme qui diroit, Si les parties du Monde étoient arrangées de telle & telle maniere, on pourroit auffi expliquer de telle & telle maniere ce qu'on voit arriver dans le Ciel.

Une des premieres chofes que l'on s'eft imaginé eft, que le ciel étoit rond; car à la vue cela nous paroît être ainfi,

& rien ne nous oblige encore à penser le contraire.

Ensuite on a remarqué que les corps lumineux que l'on y voit tournoient continuellement, & il n'étoit pas mal-aisé de l'obferver, puifqu'on les voit s'élever peu à peu, & que quand ils font parvenus à un certain point, on les voit auffi s'abaiffer peu à peu, & enfin fe coucher & difparoître, pour achever leur courfe par-deffous nos pieds, au moins à ce qu'on s'eft ima-giné, & reparoître enfuite, pour re-prendre toujours le même train.

On a cru enfuite, & cela paroît évi-dent, que la fubftance du ciel étoit differente de celle des corps celeftes; car le ciel nous paroît azuré, au lieu que les corps celeftes font lumineux, les uns d'une clarté à ne pouvoir être fupportée, comme le foleil, les autres moins clairs, comme la lune & les étoi-les, les uns brillans, c'eft-à-dire avec fcintillation.

Il y a eu des Philofophes qui ont cru que cette fubftance du ciel étoit fluide; d'autres qu'elle étoit dure & folide, mais tranfparente comme pour-

roit

roit être le cryſtal, & que les corps lumineux que nous y voyons y étoient
attachés comme le feroient des dia-
mans ou des clous d'argent à une belle
& grande voute d'azur, auquel cas ce
feroit le ciel même qui tourneroit, &
qui emporteroit les luminaires avec lui.
Cette opinion a été la plus fuivie, &
quoiqu'elle ne foit peut-être pas la plus
vraie, cependant elle n'avance rien qui
ne fe puiſſe admettre au moins comme
une pure hypothèſe, fuppofé que l'on
puiſſe par-là expliquer plus aiſ ment
le mouvement du ciel & des luminaires, quand même il n'y auroit aucune apparence de vérité.

Pour ce qui eſt de cette belle couleur bleué qui repaît fi agréablement
nos yeux dans un tems ferein, principalement quand il fait jour, il y a
de l'apparence qu'elle n'eſt pas adhe-
rente à la fubſtance celeſte, comme elle
l'eſt dans l'azur ou dans le barbeau,
mais feulement apparente, comme font
les couleurs de l'Iris, ou celles que
l'on voit peintes fur les objets que l'on
regarde au travers d'un priſme: & la
raifon de cela eſt que le ciel étoit ef-

fectivement bleu , tous les aftres que l'on voit au-delà cette couleur paroî-troient bleus , de même que les objets qui fe voient au-delà d'un verre coloré paroiffent teints de la même couleur que le verre: ajoutez à cela que le ciel avant l'aurore nous paroît entremêlé d'étoiles d'une couleur tout-à-fait différente de celle du refte du ciel, & que quand le foleil eft levé les étoiles difparoiffent, & que le ciel paroît tout de couleur bleue auffi-bien dans les endroits où il y avoit des étoiles , que dans tous ceux où il n'y en avoit point.

Or il femble que ce bleu vient de la grande profondeur des efpaces celeftes, dans lefquels il y a quelque peu de lumiere répandue , comme nous voyons que l'eau paroît claire lorfqu'elle n'eft guéres profonde & qu'elle devient bleue de plus en plus , à mefure qu'elle eft auffi profonde de plus en plus: ainfi il faut s'imaginer que cette matiere cryftalline dont nous fuppofons que le ciel eft compofé , eft d'une profondeur immenfe, & cela eft très-vrai, au moins pour ce qui eft de la profondeur, sauf à examiner la matiere.

Mais il faut bien que cette matiere ne soit pas uniforme à cause de cette grande ceinture que l'on y voit dans le ciel, & que l'on appelle la Voie lactée, de laquelle nous parlerons ci-après.

DES CORPS LUMINEUX QUE L'ON VOIT DANS LE CIEL, ET PRINCIPALEMENT DES ETOILES.

ON parlera plus loin de ces deux grands flambeaux qui ont d'abord frapé plus sensiblement les yeux des hommes, c'est-à-dire, du soleil & de la lune ; ici nous ne parlerons que des étoiles, pour donner d'abord une legere connoissance du globe céleste.

Le nombre des étoiles est très-grand, & il semble qu'il n'y ait que Dieu seul qui en puisse avoir une connoissance parfaite, puisque l'Ecriture, pour faire voir sa puissance & sa sagesse, dit qu'il sçait le nombre des étoiles, & qu'il leur donne à chacune leur nom : *Qui numerat multitudinem stellarum, & omnibus eis nomina vocat.* Pf. 146.

Cependant on n'en a trouvé que 1022. quoique Pline liv. 11. chap. 41. ait dit qu'il y en avoit 160. qui se font remarquer & à la vue & par leurs effets, *insignes effectu visuve*; mais on ne voit pas sur quelle autorité il a parlé de la sorte; car Ptolomée & les autres anciens Astronomes n'en ont trouvé que 1022.

Il est vrai qu'ils n'ont compté que celles que l'on voit clairement & distinctement, & non pas celles que l'on a de la peine à voir; mais avec cet adoucissement encore se persuade-t-on malaisément qu'il n'y en ait pas davantage : car il en paroît un si grand nombre, principalement du côté du Pole arctique, sur-tout en hyver & dans un tems serein, lorsque la lune n'éclaire pas, qu'il semble qu'il est impossible de les compter; mais je répons à cela :

1°. qu'il est effectivement difficile de les compter, quand on les regarde confusement & sans méthode, mais que les Anciens, pour s'assurer de leur nombre, les ont rangées en certaines classes, qu'ils ont appellé des

Conſtellations, afin qu'étant diviſées par parties, elles puiſſent être mieux comptées & diſtinguées les unes des autres. Théon dans ſon expoſition ſur Aratus l'a cru de la ſorte, & Clavius aſſure qu'ayant conſideré ces Conſtellations les unes après les autres, il n'y avoit reconnu qu'autant d'étoiles que les Anciens y en ont compté.

2°. On voit en Hyver plus d'étoiles qu'en Eté, parce que l'air étant alors plus nétoyé & moins chargé d'exhalaiſons & de vapeurs, il en paroît de très-petites, qui ne paroiſſent pas dans d'autres tems, & qui par conſéquent ne ſont pas au nombre des 1022.

3°. Comme les étoiles brillent extraordinairement en ce tems-là, nos yeux peuvent nous tromper & nous faire prendre des apparences d'étoiles pour des étoiles véritables ; & une marque que cela peut bien arriver eſt que ſi on s'attache à regarder fixement quelques-unes de ces petites étoiles, ou on la perd entierement, ou au moins on croit qu'elle vacille & qu'elle change de lieu, ce qui n'arrive pas dans les autres étoiles.

DES CONSTELLATIONS, TANT GRANDES QUE PETITES, ET COMBIEN IL Y EN A.

IL y a cette difference entre une étoile & une conſtellation, qu'une étoile n'eſt qu'un corps lumineux, & qu'une conſtellation, n'eſt qu'un amas de pluſieurs étoiles, qui repréſentent, ou que l'on dit repréſenter, telles & telles figures.

On a donné des noms à ces conſtellations, comme ceux de Cephée, d'Androméde, de Caſſiopée & d'autres perſonnages des anciens tems, & non ſeulement des noms d'hommes & de femmes, mais auſſi de pluſieurs ſortes d'animaux, comme du Bélier, du Taureau, du Lion, &c. & même des choſes inſenſibles, comme de la Couronne, de la Lyre, de la Fléche, du Triangle, de l'Eridan, & d'autres ouvrages de l'art ou de la nature.

Pline a prétendu qu'il y avoit 72. Conſtellations. *Patrocinatur vaſtitas cœli immenſa altitudine diſcreta, in duo atque ſeptuaginta ſigna. Hæ ſunt rerum aut ani-*

mantium effigies , in quas digessere cœlum periti. Néanmoins la plupart des Anciens, entr'autres Hypparque & Ptolomée n'en ont compté que 48 , qui comprennent toutes les étoiles visibles dans la Grece & dans toute cette partie de la terre qui étoit connue de leur tems. Ils les ont rangées en trois differentes classes; mais pour entendre cela, il faut faire ici une remarque par avance sur deux cercles de la Sphere , sçavoir l'Equateur & le Zodiaque. L'Equateur est le plus grand de ces trois cercles paralleles qui occupent le milieu de la Sphere , & il partage le ciel en deux parties égales , Septentrionale & Méridionale ; & le Zodiaque est cet autre cercle large qui est posé en baudrier sur les trois dont je viens de parler. Il n'est marqué sur le globe que pour la ligne qui est au milieu que l'on appelle Ecliptique , mais il faut imaginer sa largeur.

Le ciel se trouvant donc partagé en trois parties par cette espéce d'écharpe, on a mis douze constellations dans le Zodiaque , vingt-une dans la partie du ciel qui est au Nord, & quinze dans celle qui eſt au Midi , qui font en tout le nombre de quarante-huit , mais il en faut encore ajouter deux aux vingt-une Boréales, qui ne ſont pas de ſi ancienne date que les premieres, mais qui ſont néanmoins connues des Anciens.

Les douze du Zodiaque ſont le Bélier , le Taureau , les Jumeaux , l'Ecreviſſe , le Lion & la Vierge , la Balance , le Scorpion , le Sagittaire , le Capricorne, le Verſeau & les Poiſſons.

Sunt Aries, Taurus, Gemini , Cancer, Leo , Virgo ,
Libraque , Scorpius , Arcitenens , Caper, Amphora , Piſces.

Les vingt-un qui ſont dans la partie ſeptentrionale du Zodiaque ſont la petite Ourſe & la grande Ourſe , le Bouvier , le Dragon , la Couronne, Hercule , la Lyre , le Cygne , Cephée, Caſſiopée, Perſée , Androméde , le Triangle , le Cocher , Pegaſe, le Chevalet , le Dauphin , la Fléche , l'Aigle, le Serpentaire & le Serpent.

Urſa minor, major Cuſtos , Draco , Gemma, Genuque ,

Prolapſus , Lyra, Olor, Cepheus, & Caſ-
  ſiopeia ,
Perſeus , Andromede , Deltoum , Auriga,
  Caballus ,
Rictus equi, Delphini, Telum, hinc Aquila,
  Anguifer , Anguis.

Les deux qui ont été ajoutées ſont la
Chevelure de Bérénice & Antinoüs.

Enfin les quinze Conſtellations qui
ſont au Midi du Zodiaque ſont la Baleine , l'Eridan , le Liévre & Orion ,
le grand Chien , le petit Chien , le Navire d'Argos , l'Hydre , la Coupe , le
Corbeau , le Centaure , le Loup , l'Autel , la Couronne & le Poiſſon Auſtrale.

Cetus, & Eridanus , Lupus & nimboſus
  Orion ,
Sirius , & Procyon , Argo , Ratis , Hu-
  draque , Crater ,
Corvus , Centaurus , Lupus , Ara , Coro-
  naque , Piſcis.

Outre ces cinquante principales
Conſtellations il faut encore en remarquer quelques unes de moindres
qui ſont enfermées dans ces grandes ,
& dont elles font partie comme les
Pleïades & les Hyades , le Taureau ,
la Crêche & les Aſnes, dans l'Ecreviſſe;

la Chêvre & les Chevreaux dans le Cocher, &c.

Mais ce n'est pas assez d'avoir nommé en général les Constellations, & d'avoir marqué leur situation & leur arrangement, il faut en parler un peu plus distinctement, commençant par celles qui sont dans le Zodiaque, & remarquer quelques-unes des principales étoiles qui les composent.

On dit que le Bélier est ce Bélier à la toison d'or, sur lequel Phryxus se sauva dans la Colchide; que Phryxus en ayant fait un sacrifice & en ayant donné la toison à Æatas, qui regnoit en ce pays-là, il fut mis au ciel par Jupiter, à qui il avoit été sacrifié. On y remarque principalement deux étoiles, celle de la corne précédente, & celle de la corne suivante.

Le Taureau est celui qui servit à l'enlevement d'Europe : l'œil du Taureau que les Arabes appellent Aldebaron, est une des plus belles étoiles du ciel.

Il y a deux moindres Constellations dans celle-ci, sçavoir les Hyades & les Pléïades. Les Hyades sont au front du Taureau. Thalès n'en a mis que deux, la Boréale & l'Auſtrale, mais communément on en compte 7. Il y a de l'apparence qu'on les a nommées de la ſorte du mot ὕειν qui ſignifie pleuvoir. Les Latins les appellent *ſuculas*, à cauſe que ſelon quelques-uns elles ſe plaiſent à la boue comme les truies, ou bien ſelon d'autres, à cauſe du mot grec ὕας qui ſignifie des truies: *Hyadas appellant Græci quas noſtri à ſimilitudine cognominis Græci propter ſues impoſitum arbitrantes imperitiâ appellavêre ſuculas.* Plin. lib. 18. c. 26.

Le même Auteur dit que les Romains les appellent auſſi *Palilicium* à cauſe qu'elles parurent le jour que Romulus jetta les fondemens de la ville de Rome, auquel on célébroit les Palilies, c'eſt-à-dire, la fête de la Déeſſe Palès.

Les Pleïades ſont pareillement au nombre de 7. ſur le dos du même Taureau, & ſont ainſi nommées de Pleïone leur mere, & Atlantides du nom d'Atlas leur pere. Enfin on les appelle encore Vergilies *à Vere*, à cauſe qu'elles ſe levent au matin vers l'Equinoxe du Printems.

Les Jumeaux ſont, à ce que l'on dit, Caſtor & Pollux, les étoiles des deux têtes, la précedente & la suivante font les plus remarquables.

L'Ecreviffe eft celle qui dans le combat d'Hercule contre l'Hydre, mordoit le pied de ce Héros pour fecourir fon amie. Il y a deux étoiles dans cette Conftellation, que l'on appelle les Afnes, & l'on dit que dans la guerre des Géans Jupiter ayant convoqué le ban & l'arriére-ban, Bacchus & le bon homme Siléne fe rendirent au camp, montés chacun fur un Afne, & que quand les ennemis parurent, ces lâches animaux fe mirent à braire fi fortement, que les Géans épouvantés en prirent la fuite, & que c'eft ce qui a fait mettre les Baudets dans le ciel. Il y a une autre étoile près des Afnes que l'on appelle la Crêche, il falloit bien leur donner à manger.

Le Lion eft celui qui fut tué par Hercule, dans le territoire & la forêt de Nemée. L'étoile que l'on appelle le cœur du Lion, eft une des plus confidérables du ciel; on la nomme auffi *Regulus* ou *Regia Stella*, & l'on dit que ceux à la naiffance defquels elle préfide, ont une nativité royale. On fait encore état de l'étoile qui eſt au bout de la queue.

Pour la Vierge, on a dit que dans le tems que les Dieux habitoient ſur la terre, la Juſtice une des principales Divinités y habitoit auſſi ; mais que les hommes leur manquant de reſpect, ils ſe retirerent dans le ciel, & que les vices croiſſant de plus en plus, elle fut contrainte d'aller trouver les autres, & c'eſt elle qu'on appelle la Vierge.

> Et Virgo cæde madentes
> Ultima cœleſtum terras Aſtræa reliquit.
> *Ovid.* 1. *Met.*

Aratus prit ſa place près du Bouvier.

> Et cœli ſortita locum qua proximus illi
> Tardus in occaſum ſequitur ſua plauſtra
> Bootes.

La Vierge porte un épi à ſa main ; dans lequel eſt une très-belle étoile, que l'on appelle l'épi de la Vierge.

La Balance dans les plus anciens tems n'avoit point place dans le ciel, c'eſt-à-dire, que les Egyptiens & les Chaldéens, que l'on croit être les plus anciens Aſtronomes du monde, ne la connoiſſoient pas ; mais ceux qui ſont venus dans la ſuite ont coupé les deux pinces du Scorpion, & en ont fait les deux baſſins de la Balance.

Le Scorpion privé de ſes pinces ne laiſſe pas d'être encore conſidérable ; on remarque une belle étoile au milieu de ſon corps, que les Latins appellent le cœur du Scorpion, & les Arabes Antares.

Hygin dit que le Sagittaire étoit le frere de lait des Muſes, & que ce fut à leur priere qu'il fut mis dans le ciel. On lui a donné la figure d'un Centaure, parce qu'il aimoit à monter à cheval. On remarque ſur-tout l'étoile qui eſt à la pointe de ſa fléche.

Pour le Capricorne on prétend que dans la guerre des Géans Typhon mit une telle épouvante parmi la troupe celeſte, que généralement tous les Dieux & toutes les Déeſſes ſe cacherent ſous des figures étrangeres, pour éviter la colere de ce terrible ennemi ; que Jupiter prit la figure d'un Bélier, Junon celle d'une Vache, qu'Apollon ſe transforma en Grue ou en Oiſon, Diane en Chate, Mercure en Ibis, & ainſi des autres ; mais ceux qu'il faut ici principalement remarquer, ſont Pan & Venus, dont le premier prit la forme d'un Bouc, & c'eſt le Capricorne,

& l'autre fe transforma en Poiffon, &
c'eft le Poiffon Auftrale dont ils difent
que les enfans font les deux Poiffons
qui font encore dans le Zodiaque. On
remarque principalement les étoiles
qui font dans la tête & dans la queue
du Capricorne.

On prétend que le figne du Verfeau
eft Ganymede. Les étoiles qui font à
fes épaules font les plus remarquables.

Les fignes qui font hors du Zodiaque du côté du Pole arctique font la
grande & la petite Ourfe, le Dragon
& les autres que nous avons nommés
ci-devant.

Thalès a été le premier qui a fait
remarquer aux Grecs la conftellation
de la petite Ourfe, au rapport de Théon
le Scholiafte, d'Aratus, & il l'avoit
appellée le Chien, d'où vient que cette
étoile, que nous appellons l'Etoile polaire, qui eft à l'extrémité de la queue
de l'Ourfe, a été appellée Cynofure,
c'eft-à-dire, la queue du Chien.

Le même Scholiafte dit que c'eft
Nauplius qui a fait remarquer la grande Ourfe, & Aratus lui-même affure
que l'une & l'autre de ces Ourfes ont

été regardées comme des chariots; mais ce font principalement les fept plus lumineufes de la grande Ourfe, que l'on appelle le Chariot. On nomme auffi cette conftellation Helice du mot Grec ἑλίσσω qui fignifie, je tourne, parce qu'elle tourne autour du Pole. Ces deux conftellations fervoient aux Navigateurs à leur faire diriger leur route, la petite Ourfe aux Phéniciens, & la grande Ourfe aux Grecs, comme on peut voir par ces deux vers d'Ovide.

> Effe duas arctos quarum Cynofura notetur
> Sidoniis, Helicen Graïa carina notat.
> *Ovid. Trift.*

Tout le monde fçait que la grande Ourfe eft Callifton, fille de Lycaon, laquelle ayant été changée en Ourfe par Diane, fut mife au ciel par Jupiter. Pour la petite Ourfe, on dit que c'eft une Nymphe qui a eu foin de l'éducation de Jupiter.

Dans le tems que les Géans affiégeoient le ciel, comme les Déeffes furent obligées de prendre les armes auffibien que les Dieux, Minerve fut attaquée par un furieux Dragon, mais elle le prit & le jetta fi rudement contre un

ouvrage

ouvrage de la place aſſiégée, qu'il y reſta, & qu'on l'y voit encore aujourd'hui.

Lorſque Ptolémée Evergétes Roi d'Egypte faiſoit la guerre en Syrie, pour venger la mort de ſa ſœur Bérénice, la Reine ſa femme, qui s'appelloit auſſi Bérénice, fit vœu, que s'il retournoit victorieux, elle ſe couperoit les cheveux, & qu'elle les conſacreroit à Venus, ce qu'elle fit ; & comme le lendemain on ne les trouva plus dans le Temple de cette Déeſſe, un Mathématicien nommé Conon fit voir au Roi que ces cheveux avoient été tranſportés dans le ciel, & c'eſt ce qui fit la conſtellation de la Chevelure de Bérénice.

Le Bouvier eſt ainſi nommé par rapport au chariot dont il eſt le conducteur, mais on l'appelle auſſi Arctophylax par rapport à l'Ourſe dont il eſt le gardien.

A tergo nitet Arctophylax, idemque Bootes
Qui ſimilis junctis inſtat de more juvencis.
Manil. L. 1.

Il y a une belle étoile entre ſes jambes ſur le bord de ſon caſaquin, que les Grecs & les Latins ont appellée Arcturus.

Ariadne fille de Minos ayant quitté la maison de son pere pour courir après Thesée, ce Prince peu reconnoissant la laissa dans l'Isle de Dia, mais heureusement pour elle Bacchus avoit à passer par-là, & ne la jugeant pas indigne de lui, il lui donna une couronne d'or toute brillante de pierreries, & quand elle fut morte il plaça cette couronne dans le ciel, & c'est ce qu'on appelle la Couronne septentrionale. Pour la Couronne australe, peut-être n'est-elle ainsi nommée qu'à cause de quelque ressemblance qu'elle peut avoir avec l'autre.

Pour Hercule, Strabon dit qu'à son retour d'Espagne il fut attaqué dans les Gaules par deux fils de Neptune, qu'il se défendit bien, mais qu'ayant épuisé tout son carquois, & ne sçachant de quel bois faire fléche, il pria Jupiter de le secourir, & que Jupiter fit pleuvoir sur ses ennemis une grêle de cailloux qui les fit retirer. La scéne de ce combat est en Provence, vers l'embouchure du Rhône, dans un lieu que les

anciens appelloient le Champ de Pierres, & que l'on appelle aujourd'hui la
Crau. Hercule est représenté à genoux,
comme faisant sa priére à Jupiter, ce
qui fait que les Latins l'appellent *Inge-
niculus*, & les Grecs ἰνγόνασι, c'est-à-
dire l'homme à genoux.

Orphée a été un si excellent Musi-
cien, que l'on a mis sa lyre dans le
ciel. On appelle encore cette constellation le Vautour qui tombe, & il semble effectivement que la lyre qu'on a
mise sur le ventre & la poitrine de cet
animal le fait tomber à la renverse. On
y voit une belle étoile, que l'on appelle
la Brillante de la lyre, en latin *Fidicula*.

Esculape a sçu la médecine, & l'on
a dit qu'il avoit fait des cures merveil-
leuses, jusqu'à ressusciter des morts par
la vertu d'une herbe qui lui avoit été
montrée par une couleuvre, & c'est luï
& cette couleuvre qui font les deux
constellations du serpent & du serpentaire.

Le Cygne & l'Aigle sont des marques des déréglemens de Jupiter. Le
Cygne à cause de Leda, & l'Aigle à
cause de Ganymedes.

D ij

La conſtellation d'Antinoüs n'a commencé que du tems de l'Empereur Adrien. Celui dont elle porte le nom, étoit un jeune homme aimé de l'Empereur, mais fort décrié dans le monde pour ſes débauches. Dion rapporte qu'Adrien, qui tentoit tout ce qu'il y avoit de plus déteſtable dans l'art Magique, voulut un jour immoler un homme pour ſe prolonger la vie, conformement à la réponſe d'un Oracle ; mais comme il falloit un homme qui ſe dévouât volontairement à la mort, ce qui n'eſt pas aiſé à trouver, & que tout le monde s'en excuſoit, il fut contraint d'accepter l'offre qu'Antinoüs lui fit de ſe dévouer, & c'eſt ce qui fit que les Grecs en firent une Divinité ; & comme en ce tems-là les Aſtronomes remarquérent, ou firent ſemblant de trouver un aſtre nouveau dans le ciel, on fit courir le bruit que c'étoit Antinoüs, pour faire plaiſir à Adrien.

L'expédition de Perſée eſt un des plus fameux exploits des demi-Dieux : ce fut lui qui tua Meduſe, & qui délivra Andromede, fille de Cephée & de Caſſiopée, d'un monſtre marin qui vouloit la dévorer, & toute cette hiftoire eft repréfentée dans le ciel ; Andromede attachée par les deux bras, Cephée Roi d'Ethiopie fon pere avec un fceptre à la main, Caffiopée fa mere affife dans une chaife ou un fauteuil, Perfée avec la tête de Medufe, & la baleine qui eft le monftre marin auquel Andromede étoit expofée.

Arion, excellent joueur de harpe, s'étoit jetté dans la mer pour éviter la mort dont il étoit menacé par des Matelots, il y eut un Dauphin qui le reçut fur fon dos, & le porta fain & fauf jufqu'au cap Tenare, & c'eft cet officieux dauphin que l'on a mis dans le ciel.

Parmi ceux qui fe font fait renommer dans l'antiquité, pour avoir fçu manier les chevaux, a été un jeune Prince Corinthien, nommé Bellerophon, qui ayant trouvé le cheval Pegafe ailé, qui du mont Parnaffe s'étoit envolé dans un champ près de Corinthe, eut affez d'adreffe pour le monter & le rendre fouple à fes volontés ; mais ayant eu la préfomption de vouloir s'élever par fon moyen toujours de plus en plus, Pegafe le fecoua ſi rudement qu'il le fit tomber : enſuite il s'éleva juſqu'au ciel.

Près de Pegaſe on repréſente un autre cheval, que l'on appelle Equiculus ou le Chevalet, ſur lequel je ne vois point que l'on ait fait aucune hiſtoire.

Un autre fameux Ecuyer a été Erichthonius Roi d'Athenes, qui a le premier attelé aux chariots quatre chevaux de front.

> Primus Erichthonius currus, & quatuor auſus
> Jungere equos, rapidiſque rotis inſiſtere victor.

Et c'eſt cette adreſſe qui lui a fait donner une place dans le ciel ſous le nom de Cocher.

> Quem primum curru volitantem Jupiter alto
> Quadrijugis compegit equis cœloque ſacravit. *Manil. l. 1.*

On a dit que c'étoit pour cacher la difformité de ſes pieds qu'il avoit inventé le chariot, mais il n'y a point d'apparence que ce ſoit-là ce qui lui a fait donner cette vilaine poſture dans laquelle on le repréfente , car il paroît contraint de tout fon corps.

Dans cette principale conftellation on y voit celle de la chévre & des chevreaux décriée parmi les Pilotes à caufe des tempêtes qu'elle caufe fur la mer. Hygin dit que c'eft Cleoftrate de l'Ifle de Tenedos qui l'a le premier obfervée.

Les quinze conftellations qui font au midi du Zodiaque , & qui font vifibles en Gréce , font la Baleine , l'Eridan , Orion , &c.

Nous avons parlé de la baleine à l'occafion de Perfée. Pour l'Eridan , ils difent que Phaëton s'appelloit ainfi au commencement , & qu'étant tombé dans le Po, il lui donna fon nom , & que ç'a été cet accident qui l'a fait mettre dans le Ciel. Il y a une belle étoile à fon extrêmité méridionale, que l'on appelle Acarnar , & une autre à l'extrêmité feptentrionale,ou plutôt au pied gauche d'Orion,que l'on appelle Rigel.

L'Hiftoire d'Orion fert à expliquer quatre ou cinq conftellations. On a dit que c'étoit un Geant & un grand chaffeur , & qu'en cette qualité il étoit tellement aimé de Diane , que peu s'en fallut qu'elle ne l'époufât ; qu'Apollon ne pouvant foufrir cette grande liaifon, en avoit eu fouvent de groffes paroles avec fa fœur, fans pouvoir néanmoins rien gagner fur fon efprit ; qu'un jour Orion fe baignant dans la mer, & n'y ayant que fa tête qui parût hors de l'eau, Apollon, qui fçavoit bien ce que c'étoit, avoit défié Diane de donner avec fa flèche dans ce qu'elle voyoit de noir affez loin d'elle ; que Diane, qui n'avoit pas les yeux fi perçans que fon frere, fit néanmoins tout fon poffible pour faire paroître fon adreffe, & tua Orion, mais que la mer ayant jetté fon corps à terre, elle en fut fi touchée, qu'elle le tranfporta dans le ciel.

D'autres ont dit qu'Orion s'étant vanté à Diane & à Latone qu'il n'y avoit fur la terre aucun animal fi féroce dont il ne pût venir à bout, la terre avoit produit un fcorpion qui lui avoit donné la mort, & que Jupiter avoit mis ce fcorpion dans le ciel pour rabattre la préfomption des orgueilleux ; mais que Diane qui aimoit Orion, comme nous venons de dire, avoit

auffi

auſſi obtenu la même grace pour lui.

Nous avons déja parlé de l'étoile qu'on appelle Rigel ; il y en a trois autres dans ſa ceinture qui ſe font auſſi remarquer.

On a mis près d'Orion un lievre & un chien qui le pourſuit à cauſe de l'ardeur qu'il avoit pour la chaſſe. Ce chien eſt appellé le Grand Chien, à la différence d'un autre qui n'eſt pas loin de-là,& que l'on appelle le Petit Chien ou Procyon, comme qui diroit l'avant-chien, parce qu'il ſe leve plutôt que l'autre.

Dans la gueule de ce grand chien il y a une des plus belles étoiles qui ſoit dans le ciel, on l'appelle Syrius ou le grand chien, du nom de la conſtellation, ou même la Canicule, quoique d'autres prétendent que c'eſt le petit chien à qui il faut donner le nom de Canicule, ce que je croyois auſſi autrefois, trompé ſur l'apparence du nom, & c'eſt pour cela qu'on a repréſenté ſur mes globes ce petit chien comme jettant des flammes par la gueule, fondé ſur ce paſſage de Manile.

———Latratque Canicula flammas.

Ce qui foit dit fans préjudice d'une autre belle étoile, qui eft auffi dans le
corps du petit chien.

Ce qu'on appelle communément la
Canicule, pendant laquelle on croit
qu'il eft dangereux de faire bien des
chofes, c'eft tout le tems que cette
étoile eft en conjonction avec le foleil,
ce qui s'entendra mieux dans la fuite,
quand on aura expliqué les afpects.

Lorfque les Aventuriers de la Grece
furent de retour de la conquête de la
Toifon d'or, ils confacrerent à Neptune le vaiffeau qu'ils avoient monté, &
qu'ils appelloient Argo, & c'eft ce
vaiffeau que l'on a mis dans le ciel. Il
y a une belle étoile qui rafe prefque
l'horizon de la Grece, au-delà de laquelle on n'en voyoit point d'autres ;
ils l'ont appellée Canopus ou Canobus,
du nom du Pilote Menelas.

L'Hydre, la Coupe & le Corbeau
ne font qu'une même hiftoire. Ils difent qu'Apollon voulant faire un facri-
fice, donna une coupe à un corbeau
pour aller querir de l'eau dans un certain endroit qu'il lui marqua ; que le
corbeau ayant trouvé en chemin un

figuier, dont les figues n'étoient pas encore mures, resta-là jusqu'à ce qu'elles fussent bonnes à manger; qu'Apollon, après avoir attendu long-tems, fut obligé de prendre de l'eau ailleurs, mais pour punir le corbeau de sa négligence, il avoit laissé la coupe pleine d'eau, & un hydre auprès pour empêcher le corbeau de boire, & que c'est ce qui fait que le corbeau donne des coups de bec à ce serpent, à cause de la soif qu'il lui fait toujours souffrir.

Il ne faut pas confondre le Centaure avec le Sagittaire dont nous avons parlé ci-devant, quoiqu'on les représente à peu près de la même maniere. On dit que celui qui est ici figuré est Chiron, le plus habile & le plus renommé d'entre eux. Je ne sçais pourquoi on a mis un loup auprès de lui, si ce n'est que l'on dit qu'il en a voulu sacrifier un. Peut-être qu'il faisoit la guerre aux loups, ennemis des troupeaux.

Il n'y a rien de plus remarquable dans le Centaure que quatre étoiles que l'on met dans un de ses pieds de derriere, qui font une petite constellation, que l'on appelle la Croix ou le Cruzero, qui eſt fort renommée parmi les Eſpagnols.

La conſtellation de l'Autel, dont je parle ici comme d'une des dernieres, doit être la plus ancienne de toutes les conſtellations, ſi l'on veut s'en rapporter aux traditions des Auteurs profanes, car il n'y a rien parmi eux de plus ancien que la guerre des Titans & des Geants contre les Dieux, & c'eſt cette guerre qui a donné origine à cette conſtellation. Ils diſent que les Dieux ayant fait entre eux une ligue pour ſe défendre, ils jurerent ſur un Autel l'obſervation de ce traité, & qu'ayant remporté la victoire, ils tranſporterent cet autel dans le ciel, pour laiſſer dans les ſiécles à venir un monument éternel de cette heureuſe journée.

Tunc Jupiter aræ
Sydera conſtituit, quæ nunc quoque maxima fulgent
In qua devoti quondam cecidêre Gigantes.
Manil. L. 1.

D'autres appellent cette conſtellation *Thuribulum* ou l'Encenſoir.

Nous avons dit que le Poiſſon auſ-

tral étoit Venus cachée sous cette figure. Il est représenté comme voulant
avaler l'eau qui est sortie de la cruche
du Verseau. Il y a une belle étoile
dans sa gueule, que les Arabes ont appellé Phomahan.

A l'occasion de ce Phomahan & des
autres noms arabes que nous avons rapportés ci-devant, il faut remarquer que
ces peuples s'étant beaucoup adonnés à
l'Astronomie, ont donné des noms
aux étoiles & aux constellations qui signifioient pour la plupart en leur langue la même chose que les noms
grecs ou latins signifioient dans la leur,
quoiqu'il y en eût aussi qui avoient
d'autres significations ; que plusieurs
de ces noms se sont conservés jusqu'aujourd'hui parmi les Astronomes, & que
l'on s'en sert encore communément.

DES CONSTELLATIONS QUI SONT AUX ENVIRONS DU POLE ANTARCTIQUE.

LEs quinze constellations qui sont
au midi du Zodiaque ne remplis-
sent pas tout l'espace qui s'étend de-

puis ce cercle jusqu'au Pole antarctique , parce qu'il y a une partie du
ciel voisine de ce Pole que l'on ne pouvoit pas voir en Grece, & dans laquelle par conséquent ils ne pouvoient
pas mettre de constellation. Pour faire
concevoir cela nous avons encore besoin de parler par avance d'un autre
cercle de la Sphere, sçavoir de l'Horizon , & d'expliquer même le principal
de ses usages.

Comme on ne sçauroit voir plus
de la moitié d'une boule à la fois, à cause que la partie de cette boule qui se
présente à nos yeux, nous cache l'autre , qui semble, pour ainsi dire, se retirer par derriere elle, on s'est imaginé
un cercle qui sépare cette partie que
nous voyons de celle que nous ne
voyons pas, & c'est ce cercle que l'on
appelle Horizon Dans la Sphere artificielle il est attaché au pied de l'instrument & sert à en soûtenir toute la machine : la partie du ciel qu'il nous laisse voir est la partie superieure qui est
au-dessus de lui , & celle qu'il nous cache est la partie inférieure qui est au-
dessous.

Mais quoique nous ne puiſſions pas voir plus de la moitié du ciel à la fois, néanmoins ſi nous ſuppoſons qu'il tourne, comme nous l'avons ſuppoſé, nous en pouvons voir ſucceſſivement toutes les parties, ce qui doit s'entendre ſelon la maniere dont la Sphere eſt ſuſpendue & ſoutenue par l'Horizon : car ſi elle eſt ſuſpendue enſorte que l'Equateur tombe à angles droits ſur l'Horizon, on verra ſucceſſivement toutes les parties du ciel, comme nous avons dit ; mais ſi l'Equateur s'incline vers l'Horizon, & qu'il faſſe avec lui des angles obliques, il y aura des parties du ciel que l'on verra toujours, parce qu'elles ſeront toujours ſur l'Horizon, nonobſtant le mouvement du ciel, & d'autres que l'on ne verra jamais, parce que quelques tours que l'on faſſe faire au ciel, elles ſeront toujours ſur l'Horizon.

C'eſt de cette maniere que le ciel eſt diſpoſé pour la Grece, ſi bien que les Grecs ne pouvoient voir plus d'étoiles que 1022. comme nous avons dit, ni plus de conſtellations que les cinquante que nous avons nommées, y

E iiij

ayant une partie du ciel du côté du Midi, qui leur étoit absolument inconnue. On pourroit dire la même chose de toutes les autres Nations de l'Europe, qui voyoient encore moins que les Grecs ; mais je nomme particulierement les Grecs, parce que c'est d'eux que nous tenons ces connoissances, & qu'il faut que nous voyons sur quoi ils ont parlé, & comment ils ont fait.

On dit que la derniere étoile que les Grecs pouvoient voir du côté du Midi, étoit celle de Canopus dans le Navire, & ils s'imaginoient que plus loin aux environs du Pole antarctique il devoit y avoir par analogie de pareilles constellations que celles qui sont aux environs du Pole arctique, c'est-à-dire, des Ourses, un Dragon, &c. comme on voit par ces vers de Manile.

Ultima quæ mundo semper volvuntur in imo
Queis innixa manent cœli fulgentia templa,
Nusquam in conspectum venientia cardine
    verso,
Sublimem speciem mundi similesque figuras
Astrorum referunt, ac versas frontibus arctos,
Uno distingui medias, claudique Dracone
    Credimus exemplo.

Ils se trompoient beaucoup : car les modernes qui se sont le plus avancés du côté du Midi , comme Amerique Vespuce , André Corsal , Pierre de Medine & quelques-autres , ont découvert un ciel tout différent , & les étoiles bien autrement disposées , & Frideric Houtman qui a travaillé longtems à observer ces étoiles dans l'isle de Sumatra , en a fait douze nouvelles constellations, sçavoir le Phénix, l'Hydre , le Xiphias ou la Dorade , le Poisson volant, le Caméléon, la Mouche, le Triangle austral, l'Apus ou l'Oiseau de Paradis, le Paon, l'Indien , la Grue & le Toucan ou le Canard d'Amerique.

Phœnix , Grus , Indus , Xiphias, Pavo, Anser & Hydrus ,
Passer , Apus , Friquetrum , Musca , Chamæquileon.

Mais il faut avouer qu'il y a quelques-unes de ces constellations qui sont composées d'étoiles plus septentrionales que celle de Canopus , & qui par conséquent peuvent être vûes dans la Grece , entre autres la Grue & le Phénix.

Enfin il paroît encore dans cet endroit du ciel deux taches blanches, que
l'on appelle les nuées de Magellan, la
plus grande auprès de la Dorade, & la
plus petite entre l'Hydre & le Toucan,
mais il ne faut pas les confondre avec
les deux autres taches dont parle Acosta,
liv. 1. chap. 2. & 5. & qu'il dit avoir
vues plusieurs fois. Ce sont des taches
noires ou des obscurités, qui paroissent, dit-il, d'autant plus, qu'elles sont
dans la Voie Lactée, l'une entre les pieds
du Centaure en forme de losange, &
l'autre entre le même Centaure & le
navire en forme d'une bande nebulée.
Il dit qu'il ne se souvient pas de les
avoir vues en Europe, mais qu'il les a
souvent vues au Perou, & fort appa-
rentes.

Au reste, il n'y a point de belle
étoile près du Pole Antarctique, mais
quantité de petites. Le même Auteur,
au même endroit, dit que ceux qui ont
de nouveau navigé dans les parties du
Sud, ont accoutumé d'écrire que le
ciel est fort brillant de ce côté-là, y
ayant un grand nombre de belles
étoiles ; que pour lui, il est persuadé

que du côté du Nord il y en a plus &
de plus grandes , n'y en ayant point
du côté du Sud qui excédent la Pouf-
finiere & le Chariot, mais qu'il y en a
quatre notables & agréables à voir,
que l'on appelle la Croifée , à caufe
qu'elles forment une croix , étant fi-
tuées dans les proportions d'une croix.

Cette croix , que les Portugais appellent le Cruzero,'eft au pied du Centaure , & n'a été bien découverte que
lorfque les Navigateurs fe font avancés
du côté du Midi.

DES ETOILES INFORMES, ET DES NOU-VELLES CONSTELLATIONS.

IL y a beaucoup d'étoiles qui n'entrent dans la compofition d'aucune
figure, & qui pour cela font appellées
informes , & cependant on ne laiffe pas
de les rapporter à ces conftellations , fi
bien que chaque conftellation comprend un certain nombre d'étoiles qui
entrent dans fa figure , & quelques-autres que l'on y rapporte ; ainfi la grande
Ourfe eft compofée de 27. étoiles , &
il y en a huit informes aux environs,

qui font avec les 27. le nombre de 35.
Les Jumeaux en ont 18. qui entrent
dans leur figure, & fept informes, qui
font 25. en tout. Au refte toutes les
étoiles vifibles fans lunettes, qui com-
pofent les figures, font le nombre de
695. & les informes celui de 326. ce
qui fait en tout le nombre de 1022.

C'eft avec ces étoiles informes que
l'on a fait les nouvelles conftellations.
On en peut diftinguer de deux fortes;
fçavoir, celles qui ont été ajoutées aux
48. par les anciens mêmes, qui font reconnues par tous les Aftronomes, & qui
peuvent encore paffer pour anciennes,
& il n'y en a que deux, la chevelure de
Berenice, & Antinoüs dont nous avons
parlé. Les autres font introduites par des
Auteurs modernes, & ne font pas encore reçues par tous les Aftronomes.

Ce font celles de la Licorne, de la
Girafe, du Jourdain, du Tigre, du
Sceptre, de la Fleur de Lis & autres.

L'an 1684. Hevelius en voulut introduire une parmi les anciennes, qu'il
appella le bouclier de Sobieski, & il le
mit, à ce que je crois, entre l'Aigle,
le Dauphin, le Chevalet & le Capricorne; & vers le même-tems Kir-

chius, Aftronome Saxon, en fit encore une autre de deux épées électorales de Saxe, & il les mit entre le Bouvier, le Serpent & la Balance, comme l'on voit par les Journaux de Leipfik de l'an 1684. pag. 395.

L'an   le Sieur Halley, Aftronome & Navigateur Anglois, étant allé exprès dans l'Ifle de Sainte Héléne pour obferver la partie auftrale du ciel, ajouta une treiziéme conftellation aux douze que l'on y met communément, qu'il appella *Robur Carolinum*, le Chêne Carolin, pour conferver la mémoire du chêne fur lequel Charles II. Roi d'Angleterre fe cacha lorfqu'il fuyoit devant fes Sujets révoltés. Il l'a mife entre le Navire, le Poiffon volant, le Caméléon & le Centaure.

De Lifle n'a pas cru devoir marquer fur fes globes ces conftellations, parce qu'elles ne font pas encore affez autorifées, & il s'eft contenté de mettre celles qui ont été reconnues par les anciens, & qui par un long ufage ont été, pour ainfi dire, confacrées parmi les Aftronomes, en quoi il a imité Bayer, le Pere Pardyes & M. Caffini dans

leurs Tables ou Planiſpheres , néanmoins pour contenter en quelque maniére ceux qui ſeroient d'un ſentiment
contraire , il a indiqué ſur ſes globes
d'un pied les endroits où l'on a mis ces
nouvelles conſtellations.

Il n'a pas cru non plus devoir imiter
ceux qui ont fait entrer des étoiles informes dans le corps des conſtellations,
parce que cela rend le langage des anciens inconnu, étant dans cette opinion, qu'il ne faut rien changer dans
les choſes que l'on trouve établies,
quand il n'y a point de néceſſité, d'ailleurs cela ne ſe peut faire ſans embar-
raſſer les figures les unes dans les autres; il a cru tout au contraire qu'il
falloit décharger le globe le plus qu'il
pourroit, pour rendre les étoiles plus
viſibles ; c'eſt pour cela qu'il a dégagé
les figures les unes des autres avec
toute la netteté qu'il lui a été poſſible,
ſi ce n'eſt en quelques endroits où il y
avoit néceſſité de les faire toucher, à
cauſe qu'il y a quelques étoiles qui ſont
communes à deux conſtellations, comme on ſçait.

DES NOMS QUE L'ON A DONNÉS AUX CONSTELLATIONS.

ON pourroit demander pour quelles raisons les anciens ont donné aux constellations les noms qu'elles portent; pourquoi on les a nommées plutôt Persée, Orion, Andromede, que Thesée, Jason & Atalante; pourquoi un bélier plutôt qu'un veau, un taureau plutôt qu'un cerf, un lion plutôt qu'un tigre, & ainsi des autres. Il ne faut pas dire avec Robert Hués dans son Traité des globes, que ces figures sont en quelque maniere formées & représentées par la position des étoiles, car si on regarde ces étoiles avec attention, on reconnoîtra aisément qu'on auroit pu en faire toute autre sorte de figure; & en effet il s'est trouvé un Auteur, qui du Belier & du Taureau a voulu faire saint Pierre & saint Paul, & d'autres pieuses figures de toutes les autres constellations.

Je répons que cela est venu de l'histoire fabuleuse & de la fausse religion des anciens Grecs, & que ce sont les

Poëtes, qui étoient les Théologiens de ce tems là, qui ont fait l'apothéofe de certains perfonnages, & qui ont dit que les Dieux les avoient mis dans le ciel, comme Hercule, Perfée, Orion & autres, que Callifton y avoit été mife fous la figure d'une ourfe, & Arcas fon fils, pour être fon gardien, fous le nom d'Arctophylax; Caftor & Pollux fous le nom des Jumeaux, Efculape fous le nom du ferpentaire, & ainfi des autres; que le bélier eft celui dont la toifon étoit d'or, & qui porta Phryxus & Hellée; le taureau celui qui enleva Europe; le lion celui de la forêt de Nemée, qui fut tué par Hercule, &c. comme l'on a pu voir par les hiftoires que nous avons rapportées.

Mais quoique toutes ces chofes nous foient venues immédiatement des Grecs, il femble néanmoins qu'elles viennent de plus loin, & qu'il en faudroit chercher l'origine parmi les Egyptiens, aux inventions defquels les Grecs font redevables de prefque toutes leurs connoiffances; & il eft certain que les Egyptiens avoient donné d'autres noms aux conftellations que ceux que les

Grecs

Grecs leur ont donnés dans la suite; que le figne, que nous appellons le Bélier, étoit nommé parmi eux Hammon ou le regne d'Hammon ; que le Taureau étoit appellé Horus, le Cancer Typhon, & ainfi de plufieurs autres, & que l'étoile brillante du grand chien étoit appellée Ifis, du nom de la grande Divinité des Egyptiens.

Ce que nous appellons l'Eridan eft appellé le Nil par quelques-autres, & fon cours, qui eft dans le ciel auffi-bien que fur la terre, marqué du midi au feptentrion, fait voir que le nom de Nil conviendroit mieux à cette riviere célefte que celui d'Eridan, dont le cours eft d'occident en orient. Enfin on dit que le Triangle n'a été mis au ciel que pour reprefenter celui qui eft formé par les deux principaux bras du Nil, & par le côté de la mer dans laquelle ils fe déchargent, & que l'on a appellé Delta à caufe de fa figure ; ainfi il me paroît probable que les Grecs ont pris cette invention des Egyptiens, & qu'ils n'ont fait que changer les hiftoires, en ôtant les fables Egyptiennes pour fubftituer les leurs.

Tome II. T

Mais peut-être que M. Hyde Anglois a trouvé la véritable origine des
conſtellations. Il dit dans l'hiſtoire de
la Religion des anciens Perſes , que les
plus anciens peuples du monde , comme les Chaldéens & les Arabes, me-
nant une vie champêtre , & pour l'ordinaire paſtorale , & perſuadés que les
étoiles contribuoient à beaucoup de
conſtellations , principalement à celles
du Zodiaque , des noms pris des animaux & de la vie champêtre ; que le
bélier & le taureau ſont les chefs des
troupeaux de brebis & de vaches ; que
les jumeaux marquent la fécondité de
ces animaux ; que l'écreviſſe eſt pour
ſignifier que le ſoleil commence à aller
en reculant , ce qui eſt vrai, comme l'on
verra plus loin , & le lion qu'il eſt dans
ſa force ; que la vierge repréſente une
fille qui va glaner ou ramaſſer des épis ;
que la balance fait voir que le ſoleil eſt
dans l'équilibre du chaud & du froid, &
au milieu de ſa courſe ; le capricorne
qu'il commence à remonter , comme la
coutume des chévres en paiſſant eſt toujours de grimper & d'aller en avant,
&c. mais que les Grecs ont changé la

plupart de ces chofes, & les ont ac-
commodées à leurs fables.

Enfin il faut encore remarquer que
les Bergers, les Laboureurs, les Mariniers & autres ont donné d'autres
noms à plufieurs conftellations, felon
l'idée qu'ils s'en font formée, comme
de l'Ourfe, ou plutôt de la queue de
l'Ourfe, & des quatre étoiles que les
Aftronomes appellent le quarré, ils
ont fait le Chariot de David; du Cygne, à ce que je crois, ils ont fait le
Rateau; du Dauphin, la Croifette d'E-
té; des Pleïades, ils ont fait la Pouffi-
niere, & des trois étoiles qui font à la
ceinture d'Orion, ils ont fait les trois
Rois.

DE LA VOIE LACTE'E.

APrès avoir parlé des conftellations,
il eft bon de dire un mot de la
Voie Lactée, qui eft une grande Ceinture ou Echarpe blanche qui coupe le
ciel en deux portions à peu près égales.
Il n'eft pas befoin, dit Manile, de la
chercher, elle fe découvre affez d'elle-
même, & fe fait remarquer à tout le
monde.   F ij

Nec quærendus erit visus incurrit in ipsos
Sponte sua seque ipse docet cogitque notari.

Ils disent que Junon donnant un jour à tetter à Hercule pendant qu'il étoit au maillot, ce gros garçon qui avoit des forces au-delà de son âge, la mordit bien serré, ce qui fit qu'elle le jetta-là, & qu'elle perdit beaucoup de son lait, & c'est ce qui a produit dans le ciel la blancheur dont je parle.

Selon Ovide, la Voie Lactée est le chemin par où les Dieux se rendent au Palais de Jupiter. D'autres ont cru que c'étoit la route que tint Phaëton quand il conduisit le chariot du soleil, & qu'il marqua cette route par une longue traînée de cendres. Enfin on dit que c'est dans cet endroit que s'envolent les ames des Héros :

Hîc fortes animæ dignataque nomina cœlo
Corporibus resoluta suis, terræque remissa
Huc migravit ex orbe suumque habitantia
    cœlum
Æthereos vivunt annos mundoque fruun-
    tur.

& telles sont les imaginations des Poëtes. Nos païsans l'appellent le Chemin de saint Jacques.

Les Phyficiens ont cru que c'étoit une partie du ciel plus denfe que le refte qui nous paroît blanche, à caufe qu'elle eft capable de recevoir & de renvoyer la lumiere du foleil, au lieu que cette lumiere fe perd dans la profondeur immenfe du refte du ciel.

Pour les Aftronomes ils remarquent qu'elle n'a pas moins de 360. dégrés de longueur comme tous les autres cercles, & qu'elle a 12. dégrés de largeur.

Et ter vicenas partes patet atque trecentas
Inlongum, bis fex latefcit fafcia partes;
Manil. L. 1.

Mais elle n'eft pas femblable partout ni en largeur, ni en couleur, ni également chargée d'étoiles, elle eft fimple dans des endroits & double dans d'autres, &c. Riccioli a remarqué que de tous les Anciens Ptolomée eft celui qui l'a le mieux décrite, & qu'il ne fe contente pas de marquer les conftellations par où elle paffe, mais auffi les endroits où elle eft plus ou moins blanche, plus ou moins large. Elle paffe par la conftellation de la Caffiopée, de-là en tirant en Occident par celle du Cygne, où elle fourche en deux bras, qui ne se réunissent qu'à la queue du Scorpion & a l'Autel.

> Tansitque universæ per sydera Cassiopœiæ
> Inde per obliquum descendens tangit olo-
> rem, &c.

DES DÉFAUTS QUE L'ON TROUVE DANS LES FIGURES QUI REPRÉSENTENT CERTAINES CONSTELLATIONS.

IL ne faut pas s'attendre à trouver dans les constellations des figures bien faites, des attitudes gracieuses, & à qui il ne manque rien pour la régularité du dessein. Il y en a certaines qui semblent être tronquées, & qui ne représentent pas dans leur entier les choses dont elles portent les noms, comme le Taureau, Pegase ou le Cheval ailé, le petit Cheval ou le Chevalet, & le Navire, qui ne sont représentés qu'à demi, comme on voit par ces vers de Manile, liv. 2.

> Quod si solerti circumspicis omnia cura
> Fraudata invenies amissi sydera membris,
> Scorpius in librá consumit brachia, Tau-
> rus

Succidit incurvo claudus pede , lumina
    Cancro
Defunt , Centaura fupereft & quæritur
    unum.

Il y a d'autres figures qui font ren-
verfées , comme Céphée , Androméde,
Caffiopée , Hercule , &c. & cela étoit
repréfenté de la forte , même par les
Anciens. Ce qui paroît par cet autre
vers du même Auteur , quand il parle
de la Voie Lactée.

    Tranfitque univerfæ per fydera Caffio-
    pœiæ.

Mais ce n'eft pas là ce que j'appelle
ici des défauts , parce que les Anciens
les ont peut-être voulu repréfenter de
la forte , néanmoins j'ai cru que je devois en avertir , afin que ceux qui ne
le fçavent pas , ne s'y laiffent pas fur-
prendre , mais un véritable défaut qui
paroît effentiel eft de n'avoir pas donné aux étoiles la place qu'elles doivent
avoir dans les figures , par exemple
les quatre étoiles que tous les Aftronomes difent être dans le pied gauche
du Serpentaire , font mifes dans la
jambe par tout le monde. Les mêmes

Astronomes nomment quatre autres étoiles dans le bouclier du Centaure, cependant personne ne représente le Centaure avec un bouclier. On nomme une étoile à la queue de l'Ecreviſſe, & une informe près de cette même queue ; les deux étoiles que les Aſtronomes appellent le pied droit & le pied gauche de Cephée, ſont miſes par quelques-uns dans les genoux, & par d'autres dans la ceinture du même Cephée. Les deux baſſins de la Balance, qui ſont appellés par les Aſtronomes le baſſin Boreal & le baſſin Auſtral, ſont ſitués dans tous les globes à l'orient & à l'occident l'un de l'autre. On pourroit rapporter bien d'autres exemples de cette irrégularité, mais on ſe contente de ceux-là, pour faire voir que les figures ſont fort défectueuſes en ce point-là.

Il y a de l'apparence que quand les Aſtronomes ont donné le nom aux conſtellations, ils ne ſe ſont pas piqués du deſſein, & que quand ils ont dit, par exemple, qu'une étoile étoit à l'épaule droite d'Orion, celle-ci à ſa ceinture, & celle-là à ſon pied, ils ne ſe

ſont

font pas mis en peine fi les proportions des parties du corps étoient bien ob- fervées, & c'eft ce qui a fait que les Deffinateurs, qui ont mieux aimé faire des figures régulieres que de rectifier, ou au moins de fecourir l'imagination des Aftronomes, ont repréfenté les chofes toute d'une autre maniére que les Aftronomes ne s'énoncent.

Parmi ceux qui ont travaillé à don- ner des Tables du ciel, Bayer eft celui qui s'eft le plus attaché à faire des fi- gures conformes au langage des Aftro- nomes, & cependant il eft aifé de voir qu'il y a bien des endroits où il n'a pas réuffi, non plus que les autres. De Lifle voulant remédier à ce défaut, s'eft fervi d'un habile Deffinateur, qui a fçu, malgré la gêne & la contrainte où il étoit à caufe des étoiles, donner des attitudes aux figures qui n'ont rien de contraire au deffein, & qui cependant font dans la régularité que les Aftrono- mes peuvent fouhaiter, & c'eft ce qu'i croit n'avoir été exécuté par perfonnel avant lui. On peut voir dans la figure du Cocher dont on a parlé ci-devant, un exemple de cette contrainte.

Il semble que l'on pourroit mettre
encore au nombre des défauts . de n'a-
voir pas donné aux animaux la figure
que la nature elle-même leur a donnée,
comme on voit dans la Baleine, que
l'on prendroit plutôt pour un furieux
dragon que pour une baleine ; & dans
l'Ecrevisse à qui on n'a point donné de
queue , comme on a dit ci-devant, les
Dessinateurs ayant mieux aimé la représenter comme un crabe ou une écrevisse de mer , que comme une écrevisse
de riviere. De Lisle a encore remédié
à cela. Enfin comme le Dauphin avoit
une figure qui ne le faisoit pas assez reconnoître pour qui il étoit , il l'a fait
représenter de la maniere que nous
avons coutume de les figurer.

DE LA DIFFERENCE QU'IL Y A PARMI LES ETOILES A L'EGARD DE LEUR GRANDEUR.

IL nous paroît que toutes les étoiles
que nous voyons ne sont pas d'une
pareille grandeur , aussi les a-t on rangées en six différentes classes par rapport
à cette grandeur apparente , & l'on dit

qu'elles font de la premiere, de la 2.me.
5.me. 4.me. grandeur, &c.

La curiofité des hommes eft allé jufqu'à vouloir fçavoir combien il y en
avoit de chaque grandeur, & l'on a
trouvé qu'il y en avoit quinze de la
premiere grandeur, quarante-cinq de
la 2.me. deux cent huit de la 3.me. quatre
cent foixante & quatorze de la 4.me. deux
cent dix-fept de la 5.me. & quarante-
neuf de la 6.me. lefquelles avec quatorze
autres, que l'on appelle obfcures &
nébuleufes, font en tout mille vingt-
deux.

Pour moi je me contenterai de marquer ici celles de la premiere grandeur.

On en compte quinze, fçavoir trois
dans les conftellations Boreales, quatre
dans celles du Zodiaque, & fept dans
les conftellations Auftrales.

Les trois qui font dans les conftellations Boreales, font celles que l'on appelle Arcturus dans le Bouvier, la Lyre
ou le Vautour qui tombe en la Chévre
à l'épaule gauche du Cocher.

Les quatre qui font dans les conftellations du Zodiaque, font l'œil du
Taureau, que l'on appelle Aldebaran;

G ij

le cœur du Lion, que l'on appelle Regulus ; l'épi de la Vierge & le cœur du
Scorpion, que l'on appelle Antares.

Les sept qui sont dans les constellations Australes, sont le pied occidental
d'Orion, que l'on appelle Rigel ; celle
qui est à l'extrêmité de l'Eridan, que
l'on appelle Alcarnar ; une dans la
gueule du grand Chien, que l'on appelle Sirius ou la Canicule ; une autre
dans le petit Chien, que l'on appelle
Procyon ; une dans le Navire, appellée
Canopus, au pied droit du Centaure ;
& une dans la gueule du Poisson Austral, que l'on appelle Phomahan. Dans
cette énumération je n'en trouve que
quatorze, & je ne sçais quelle est la
quinziéme ; mais il faut remarquer,

1°. Que toutes celles que l'on dit
être de la premiere grandeur, ne sont
pas pourtant toutes égales, & qu'il y
en a de bien plus grandes les unes que
les autres : par exemple, elles ne sont
pas toutes si grandes que l'est Sirius,
qui passe pour la plus belle étoile du
ciel, & il faut dire la même chose de
toutes les autres classes.

2°. Qu'il y en a qui ne sont proprement d'aucune de ces fix clafles, mais qui font entre la troifiéme & la quatriéme grandeur, entre la quatriéme & la cinquiéme, & ainfi des autres, au moins eft-ce un avis que donnent ceux qui ont coutume de regarder le ciel, entre autres M. Halley, & c'eft apparemment pour cela qu'il y en a de douteufes, que les uns mettent dans une claffe, les autres dans une autre.

3°. Que dans les étoiles que l'on ne découvre qu'avec des lunettes, il y en a de tant de différentes grandeurs, qu'il en faudroit faire encore plus de fix claffes, au fentiment de Galilée.

4°. Que la différence qui paroît dans la grandeur des étoiles pourroit venir de ce que les unes font peut-être plus éloignées de nous que les autres, & qu'elles font la plupart dans différens degrés d'élevation, comme font les Poiffons dans l'eau, les uns plus approchans de la fuperficie, d'autres plus enfoncés, & d'autres jufqu'au fond.

5°. Que cette grandeur, dont nous avons parlé jufqu'ici, n'eft qu'une grandeur refpective, c'eft-à-dire celle qu'elles ont les unes à l'égard des autres,

mais non pas la grandeur qu'elles ont
en elles-mêmes par rapport à leur diamétre.

6 . Que l'on peut déterminer leur grandeur par rapport au ciel auquel elles
font attachées , parce que ce ciel faifant fon tour en vingt-quatre heures ,
on fçait quelle partie du ciel doit paſſer
dans une minute, dans une feconde , &
dans une troifiéme de tems, & qu'en
obfervant le tems qu'une étoile eft à
paſſer, on conclut qu'elle doit faire
une tantiéme partie du ciel ; mais que
pour la maſſe & le corps d'une étoile,
on ne peut pas la déterminer, fi l'on
ne fçait à quelle diftance elle eft de la
terre, ce qui n'eft pas encore déterminé.
Néanmoins Clavius dit que le diamétre
d'une étoile de la premiere grandeur
contient quatre fois le diamétre de la
terre qui nous eft connu, & trois quarts
de ce même diamétre, & ainfi des autres grandeurs , en diminuant toujours
de plus en plus.

7°. On prétend qu'il arrive du changement dans la grandeur des étoiles ,
& qu'il y en a tant d'exemples, que
l'on ne fçauroit plus en difconvenir,

ce qu'il faut rapporter un peu plus au long dans l'article suivant.

S'IL ARRIVE DU CHANGEMENT DANS LE CIEL ET DANS LES ASTRES, ET S'IL S'Y FAIT DES GENERATIONS ET CORRUPTIONS.

IL ne s'agit pas ici de sçavoir si les Cieux & les Astres périront un jour, l'Ecriture y est formelle ; mais la question est de sçavoir, si la substance ou la matiere du Ciel & des Astres est sujette à la génération & à la corruption, ensorte que le monde subsistant, il arrive des changemens dans les Astres comme sur la terre, s'il y en a qui croissent & décroissent; & même s'il s'en engendre de nouveaux, & s'il y en a qui périssent tout entiers.

Aristote qui veut que les corps célestes soient formés d'une certaine quintessence très - simple absolument différente de l'élementaire , croyoit qu'elle n'étoit sujette à aucun changement , & il y a de l'apparence que de son tems on n'avoit rien observé

dans le ciel qui fit douter de cette opinion. On regardoit apparemment comme une fable, & peut-être auffi en eft-
ce une, qu'avant la guerre de Troie,
la conftellation des Pleïades étoit compofée de fept étoiles, & qu'après cette
guerre il y en eut une qui difparut ;
mais depuis le tems de ce Philofophe
on prétend que l'on a obfervé tant de
changemens dans le ciel, que la plupart des Philofophes croient aujourd'hui
que les Aftres font formés d'une matiere élementaire femblable à la nôtre,
& fujette à la génération & à la corruption.

M. Moncanary Italien a donné un
catalogue de plufieurs étoiles, dont la
grandeur eft marquée fi différemment
par Ptolomée, par Alfonfe, par Copernic, par Clavius & par Ticho-
Brahé, qu'il eft très-probable que cela
ne vient pas de l'erreur de ces Aftronomes qui ont été habiles ; mais de ce
qu'il eft effectivement arrivé du changement dans ces étoiles.

Mais on dit quelque chofe de plus
pofitif que cela, fçavoir que l'étoile
qui eft attachée à l'oreille du Chien, &

que Ticho & Bayer avoient trouvée de
la troifiéme grandeur, ne paroît prefque plus ; que celle qui eft dans le bec
du Corbeau qui furpaffoit celle de la
troifiéme grandeur, eft réduite à la
quatriéme ; que la plus claire de celles
qui font à la tête de Medufe, qui étoit
de la troifiéme grandeur, parut feulement dans la quatriéme en 1669 ; que
l'urne du Verfeau auffi de la troifiéme
grandeur eft réduite à la cinquiéme,
& qu'elle eft, ce femble, prête à difparoître ; que dans le Sagittaire celle qui
eft aux genoux de devant du pied gauche, & celle du Paturon que Bayer &
les autres faifeurs de catalogues mettent de la deuxiéme grandeur, font à
peine aujourd'hui de la quatriéme. M.
Hallé dit que celle qui eft marquée
dans Ptolomée la troifiéme du Navire
ne paroît plus du tout, & qu'il n'en
refte aucun veftige. M. Caffini & Ma-
raldi ont fait encore plufieurs autres
obfervations, & l'on pourroit rapporter beaucoup d'autres exemples que
ceux-là, s'il en étoit néceffaire.

Pour les nouvelles étoiles qui ont
paru de tems en tems, on pourroit

mettre celle des Mages, qui est sans difficulté la plus célébre de toutes, mais dont nous n'avons pas assez de connoissance, & qui n'étoit pas apparemment dans l'ordre de la nature. On dit que le Pere Riccioli a fait une sçavante & curieuse Dissertation dans son Almogeste, mais je ne l'ai pas vue.

Après cela on peut mettre celle qui parut à la mort de César, dont parle Suetone chapitre penultiéme de la vie de ce Prince. Pline & autres Auteurs rapportent qu'elle parut entre la Vierge & la Balance dans le tems qu'Octave son fils faisoit célébrer des jeux à son honneur, & que l'on crut que c'étoit l'ame de César qui avoit été reçue dans le ciel & placée en cet endroit.

> Ecce Dion ei processit Cæsaris Astrum,
> &c.

Mais pour dire quelque chose de plus positif, on rapporte qu'au tems d'Hipparque, c'est-à-dire, environ 125 ans avant Notre Seigneur, il en parut une nouvelle, je ne sçais où ; une autre, l'an 388. de l'Ere Chrétienne, dont parle Claudien ; une autre, je ne sçais

combien après , au quinziéme dégré du Scorpion , dont parle un Auteur Arabe , de toutes lefquelles nous
n'avons que fort peu de connoiſſance.
Mais l'an 1572. au commencement de
Novembre il en parut une nouvelle
dans la chaiſe de Caſſiopée , qui ſur-
paſſoit d'abord les étoiles de la premiere grandeur ; mais elle diminua peu à
peu juſqu'à ce qu'elle diſparut entierement au mois de Février de l'an 1574.
Elle fut ſoigneuſement obſervée par les
Aſtronomes de ce tems-là, nommé-
ment par Ticho-Brahé , & elle avoit
ſon mouvement réglé comme les autres
étoiles de cette conſtellation. Il y a un
Auteur qui a prétendu qu'il étoit reſté
une tache noire dans l'endroit où elle
avoit apparu; mais je ne crois pas que
cela ſoit confirmé par aucun autre.

L'an 1600. il y en eut une autre
qui commença à paroître dans la poitrine du Cygne. Kepler l'obſerva ; elle
étoit de la troiſiéme grandeur , & elle
diſparut entierement l'an 1629. L'an
1659. Hevelius la vit renaître dans
le même endroit où Kepler l'avoit obſervée & de la même grandeur : elle

diſparut une ſeconde fois l'an 1650.
Enfin on dit qu'elle reparut encore l'an
1666, mais ſi petite qu'elle n'étoit tout
au plus que de la ſixiéme grandeur.

Le 9. Octobre de l'an 1604. Kepler
en obſerva encore une autre dans le
Serpentaire : elle parut d'abord fort
grande, mais elle diſparut au mois de
Février de l'an 1606.

Il y en a une dans le cou de la Baleine, que l'on dit paroître & diſparoître tous les ans ; qu'au commencement elle ne ſe montre que de la ſixiéme grandeur, mais qu'elle croît peu à
peu pendant quatre mois ; qu'elle eſt
alors de la troiſiéme grandeur, qu'elle
y reſte durant quinze jours ou environ,
après quoi elle décroît, & enfin diſpa-
roît. M. Bouillaud l'a ſoigneuſement
obſervée : il croit qu'elle eſt compoſée
de deux parties inégales, la plus grande obſcure, & l'autre lumineuſe, qu'elle tourne ſur ſon axe & que nous la
perdons de vue, lorſque ſa partie obſcure eſt tournée de notre côté.

On dit que dans la ceinture d'Androméde il en parut une en 1612. &
en 1613. qu'elle ſe cacha enſuite, &

qu'elle reparut en 1664 ; que celle qui
est à l'extrêmité de sa chaîne a aussi dis-
paru, ou au moins qu'elle est devenue si
petite, qu'ile st comme impossible de la
voir ; que Dom Antelme Chartreux de
Dijon en découvrit une l'an 1671 près
du bec du Cygne , qui lui parut de la
troisiéme grandeur; qu'il a continué à
l'observer aussi-bien que M. Cassini, &
qu'elle croît & decroît environ dans
un mois de tems.

Enfin M. Cassini en a remarqué une
entre le Liévre & l'Eridan , dont personne n'a parlé , quoiqu'elle soit de la
quatriéme grandeur, mais qu'elle se
cache & se fait voir ensuite comme
celle dont nous venons de parler.

DE LA DIFFERENCE QU'IL Y A ENTRE LES ETOILES PAR RAPPORT A LEUR CLARTÉ.

GEnéralement parlant, les étoiles
sont belles & claires , mais il y en
a certaines qui paroissent moins claires
que les autres , & que l'on appelle nébuleuses à cause de cela .Il y en a une
dans la tête d'Orion, une autre dans

l'Ecreviſſe, que l'on appelle la Crêche, une dans les yeux du Sagittaire, une dans le genou du Cygne, &c.

On a été long-tems fort en peine d'où pouvoit venir ce défaut de clarté, mais Galilée avec le ſecours de ſes lunettes en a reconnu évidemment la raiſon ; car il a vu qu'une étoile nébuleuſe n'étoit qu'un amas de pluſieurs petites étoiles, toutes inviſibles en particulier, à cauſe de leur petiteſſe, mais qui toutes enſemble paroiſſoient comme un corps lumineux à cauſe de leur proximité, ce corps ne faiſant pas néanmoins une lumiere ſi vive que les autres étoiles.

On pourroit raiſonnablement croire que les nuées de Magellan que nous avons dit être vers le Pole Antarctique, ſont de la même nature que les étoiles nébuleuſes ; mais le Pere Tachard qui les a obſervées en allant à Siam, dit qu'elles ne paroiſſent pas être comme un amas d'étoiles ; que l'on n'y voit preſque rien avec de grandes lunettes, quoique ſans lunettes on les voye fort blanches, principalement le grand nuage.

DE LA DIFFERENCE QU'IL Y A ENTRE LES ETOILES PAR RAPPORT A LEUR MOUVEMENT.

LA principale difference qu'il y a entre les étoiles vient de leur mouvement : car on a remarqué que la plupart de ces luminaires, quoique dans le mouvement perpetuel, gardoient néanmoins la même distance entr'elles, & qu'elles étoient toujours également éloignées les unes des autres, mais qu'il y en avoit quelques-unes dont le mouvement paroissoit irrégulier, & qu'elles s'éloignent les unes pour s'approcher des autres. Les premieres ont été appellées étoiles fixes, & les autres Planettes, comme qui diroit errantes & vagabondes, & quand on eut bien connu les Planettes, & qu'on les eut bien examinées, on trouva encore que leur lumiere n'étoit pas si étincellante que celle des autres étoiles.

On a reconnu d'abord que cinq de ces étoiles errantes, ausquelles on a donné des noms de Divinité, sçavoir Mercure, Venus, Mars, Jupiter &

Saturne, lesquelles jointes au soleil &
à la lune, qui ont aussi des mouvemens
irréguliers, font le nombre de sept planettes. On ne les marque pas sur le
globe céleste, parce que leurs places
font incertaines, & qu'elles en chan-
gent à tout moment.

Comme les Astronomes ont souvent
besoin de parler & d'écrire de ces Planettes, ils leur ont donné des figures
Hieroglyphiques, avec lesquelles ils les
représentent pour avoir plutôt fait : ils
ont représenté le soleil & la lune par
leurs figures naturelles, Saturne par
une faucille, Jupiter par la premiere
lettre de Zeus, qui est son nom grec,
Mars avec un dard, Venus avec un
miroir, & Mercure avec un caducée,
à peu près comme ils font ici.

☀ Le Soleil.
☽ La Lune.
♄ Saturne.
♃ Jupiter.
♂ Mars.
♀ Venus.
☿ Mercure.

On a reconnu à plusieurs marques que les planettes & les étoiles fixes n'étoient pas également éloignées de la terre, & que les planettes même entre elles étoient aussi dans des distances différentes du même globe terrestre ; & l'une des choses que l'on fait remarquer, est qu'elles se cachent les unes les autres ; & comme on a encore reconnu que leurs mouvemens sont différens, on a conclu à cela que chaque planette avoit son ciel, parce qu'un même ciel ne peut avoir des mouvemens contraires. Pour les étoiles fixes, comme elles sont toujours dans la même situation les unes à l'égard des autres, on a cru qu'elles pouvoient bien être toutes dans un même ciel, que l'on a appellé le Firmament, ainsi l'on a fait huit différens cieux, les uns plus hauts, les autres plus bas.

L'ordre que l'on a donné à ces planettes, est que l'on a mis la Lune au plus bas lieu, & qu'après elle on a mis, toujours en montant, Mercure, Venus, le Soleil, Mars, Jupiter & Saturne, & qu'ainsi le Soleil est au milieu de toutes les planettes, en ayant trois au-dessous de lui, la Lune, Mercure & Venus ; & trois au deſſus, Mars, Jupiter & Saturne.

Pour retenir cet ordre, il faut prendre les jours de la ſemaine qui ſont tous conſacrés à l'une ou à l'autre de ces planettes, commencer par le lundi qui eſt conſacré à la Lune, puis ſauter au mercredi qui l'eſt à Mercure, au vendredi qui l'eſt à Venus, au Dimanche qui s'appelloit autrefois le jour du Soleil, & qui n'a été appellé le jour du Seigneur que par les Chrétiens ; au mardi pour Mars, au Jeudi pour Jupiter, & au ſamedi pour Saturne, car c'eſt des Juifs que nous avons pris le nom du Sabbat, que nous lui donnons.

Au deſſous des planettes, on met le firmament, ou le ciel des étoiles fixes où ſont les conſtellations dont nous avons parlé, ainſi quand on dit que le Soleil eſt dans une telle ou telle conſtellation, cela ne ſignifie pas qu'il ſoit véritablement dans le même ciel où ſont les étoiles qui compoſent ladite conſtellation, car on dit qu'il y a une diſtance infinie du Ciel du ſoleil à celui des étoiles fixes, mais cela veut dire, que le

Soleil répond à ladite constellation ; &
que si de l'endroit où l'on observe , on
tiroit une ligne qui passât par le corps
du Soleil & qui fût prolongée jusqu'au
firmament , elle iroit aboutir à la constellation dont on parle.

La Théorie des planettes & les observations que l'on fait sur elles, sont
d'une considération trop subtile & trop
difficile pour entrer dans un traité de
la Sphere, & cela en est exclu par M.
Gassendi : quoique ce soit une nécessité de dire au moins quelque chose du
Soleil & de la Lune , comme tout le
monde le fait, si j'en parle un peu
plus que l'on a accoutumé de faire ,
ce ne sera que pour égayer la matiere ,
& je tâcherai de ne dire que des choses
faciles & curieuses.

DE LA LUNE.

IL est aisé de remarquer que le corps
de la Lune ne paroît quelquefois
qu'une petite bordure lumineuse , que
nous appellons Croissant ; que ce croissant s'augmente de jour à autre , jusqu'à ce que tout le disque de la Lune

soit lumineux ; qu'ensuite elle commence à décroître , & que diminuant
un peu tous les jours , enfin elle dispa-
roit & revient à son premier état; qu'a-
près cela elle recommence le même
train & que cette Période s'acheve en
29 jours & quelque chose de plus , &
c'est-là ce qu'on appelle une Période ou
un Mois. Nous dirons plus bas comment cela arrive.

Il n'est pas difficile de remarquer
qu'il y a dans la Lune des taches ou des
endroits plus sombres les uns que les
autres. Tout le monde les voit , & il y
a long-tems que l'on a mis en question
ce que ce pouvoit être que ces taches.
On croit communément que ces taches
représentent la tête d'une femme ,
comme on le voit dans le traité que
Plutarque en a fait exprès dans ses opus-
cules, quoiqu'il y ait aussi des personnes
qui y trouvent d'autres figures , sçavoir
une mer avec des détroits & des gol-
fes , des montagnes , des vallées , &
autres choses semblables.

Depuis les lunettes de longue vue ,
on y a découvert un merveilleux mélange de parties lumineuses & de par-

ties fombres , & cela avec beaucoup
d'irregularité. Quelques-uns ont cru
que c'étoient des montagnes & des élevations qui caufoient par leurs ombres
les obfcurités qui fe rencontrent dans
ce corps & M. Hartfeker de l'Académie , dit que ces ombres s'étendent affez loin fur la campagne de la Lune &
qu'elles fe racourciffent à mefure que
le Soleil s'y éleve ; mais fi toutes les
obfcurités étoient caufées par des ombres, il y en auroit plus quand le Soleil
regarde la Lune directement,& cependant il y en a beacoup moins:c'eft pourquoi on s'eft imaginé avec beaucoup
d'apparence que ces ombres étoient
des profondeurs ou des endroits dans la
Lune plus enfoncés que les autres.

Le Pere Riccioli a fait graver une
carte ou une figure de cette planette
qu'il appelle Sélénographie,c'eft à dire,
defcription de la Lune , où il a marqué
les parties lumineufes & les parties obfcures,& a donné des noms à toutes ces
parties obfcures , ou au moins à la plupart, & l'Académie a fait graver cette
carte avec quelques corrections & ad-
ditions ; parce qu'il arrive que les pre-

mieres découverres font défectueufes en quelque chofe ; mais elle a retenu les noms que Riccioli a donnés à ces obfcurités.

Il y en a de grandes au nombre de 7 ou 8. qu'il appelle des Mers, comme la mer des humeurs, des nuées, des pluies, &c. & qui font marquées par les lettres de l'alphabet A. B. C. D, &c. Il donne le nom de Puits aux moindres obfcurités, mais il y a plufieurs de ces puits où l'on voit au milieu de leurs obfcurités des élevations lumineufes qui paffent fur les bords du puits en hauteur & qui paroiffent comme des dômes.

On voit encore depuis le bord de quelques-uns de ces puits, au moins de deux, plufieurs traits blancs & illuminés dont la plupart s'étréciffent à mefure qu'ils s'en éloignent; & quelques-uns s'étendent jufqu'à d'autres puits d'une femblable conftruction, mais dont la largeur eft bien moindre. Il y a quelques-uns de ces puits qui paroiffent n'avoir point de dômes : celui qui eft marqué 21. & qui porte le nom de Ticho, eft l'un des plus confidérables

& l'on croit que son diamétre est d'environ 20 lieues.

M. Hartsoeker dit que s'il y avoit des
habitans dans la Lune, on pourroit supposer qu'ils ont creusé ce puits pour se
garantir des ardeurs du Soleil, & qu'ils
ont élevé le dôme de ce qu'ils ont tiré
de ce puits en le creusant ; que tous les
puits seroient les demeures ordinaires
des habitans, & seroient des espéces de
ville ; que ces traits blancs & illuminés,
qui vont de cette ville à d'autres, qui
sont situées autour, ne sont que de
grands chemins applanis par ses habitans, & que peut-être cette ville, ou
puits de Ticho est la capitale de toutes
les autres.

Il prétend encore que les grandes
parties obscures & que l'on croit communément être des mers, sont de
grands bois, car il dit que quand on
les observa avec des lunettes de 100 ou
de 200 pieds, on y vit une infinité de
très-petits endroits illuminés, principalement lorsque le Soleil donne perpendiculairement dessus, ce qui lui fait
croire que ce n'est autre chose que des
endroits où il n'y a ni arbres ni plan-

tes, & qui étant peut-être un peu fa-
blonneux, réflechissent beaucoup mieux
la lumiere que ne font les feuillages. Au
reste comme on observe qu'un côté de
ces parties obscures est plus lumineux
qu'un autre, que le milieu est plus lumineux que les bords, ou les bords plus
que le milieu, &c. il n'y a point d'apparence que ces parties obscures soient des
mers qui seroient également éclairées
partout. Enfin il aimeroit mieux que ce
qu'on appelle des puits eussent été appellés des bassins, parce qu'ils ont, dit-
il, plus de longueur que de profondeur.

Les noms que Riccioli a donnés à
ces taches, sont ceux de Ticho, comme l'on a déjà dit, de Galilée, d'Hipparque, de Ptolomée, d'Eudoxe, de Copernic, qui sont tous des noms de fameux Astronomes, & d'autres encore; & ces noms sont très-utiles pour
distinguer les différentes parties de la
Lune quand on en a besoin, comme il
arrive dans les éclipses.

Le même Hartsoeker a changé quelques noms de ceux que Riccioli avoit
donnés, au lieu des mers de différens
noms, il a mis la premiere, la deuxiéme,

me, la troisiéme, la quatriéme forêt, &c. & à la place de quelques Astronomes il en a substitué d'autres qui lui ont paru plus fameux que ceux de Riccioli.

Du Soleil.

J'Ai commencé par la Lune à parler des Planettes, parce qu'étant la plus basse de toutes, il est plus aisé de s'en instruire que des autres par le moyen des lunettes d'approche. Il n'est pas si aisé d'observer le Soleil, à cause de sa grande lumiere, ce qui fait qu'il faut se servir d'un verre enfumé pour le regarder, & que l'on met devant les lunettes.

Le Pere Kirker dans son Monde souterrain, dit que ce grand luminaire est un corps de feu inégal dans sa surface & composé de plusieurs parties de differente nature, dont les unes sont fluides, & les autres solides; qu'il semble qu'il y ait une Mer de feu où l'on voit une perpetuelle agitation d'ondes & de flammes; qu'en quelques endroits on remarque des taches qui ressemblent à une fumée épaisse, & dans d'autres des brillans , ce que l'on exprime autrement par les mots de Macules & de Facules ; & que ce font des vomiſſemens de feu que le ſoleil exhale hors de ſon corps.

Je ne vois pas que d'autres que lui parlent de cette mer , de ces flots , ni de ces montagnes qu'il a repréſentées dans la figure qu'il en a fait graver ; mais tout le monde convient des taches & des brillans. On a dit que du tems de Charlemagne il avoit paru une grande tache dans le ſoleil. M. Hartſœker dit que ces taches ſont des corps opaques, qui flottant ſur la ſurface nous dérobent une partie de ſa lumiere, & qu'elles pourroient peut-être devenir un jour aſſez nombreuſes pour couvrir toute la ſurface du ſoleil, ou au moins la plus grande partie.

Il ſemble que cela ſoit déja arrivé, puiſque Plutarque & autres Hiſtoriens dignes de foi, diſent que la premiere année du regne d'Auguſte, cet Aſtre eut une ſi foible & ſi triſte lumiére, qu'on pouvoit le regarder ſans ſe bleſſer les yeux ; & que la plupart des fruits ne purent parvenir à leur juſte

maturité ; Kepler dit que l'an 1547.
le soleil parut ainsi à toute la terre depuis le 24. jusqu'au 28. d'Avril avec
une couleur rougeâtre , comme quand
on le regarde au travers de quelque
brouillard.

Pour ce qui est des brillans ou des
facules , ce sont apparemment des endroits de ces fumées ou des vapeurs
qui s'enflamment lorsque le feu se
prend à la cheminée : car à l'endroit
où le feu a gagné & consommé quelque tache , il paroît une lumiere plus
vive & plus éclatante que celle que
l'on observe dans le reste de sa surface,
ensorte qu'il semble qu'une flamme
bien claire ait succedé à la place de
cette tache , comme quand on a jetté
dans le feu quelque matiere combusti-
ble.

Mais n'y a-t il pas à craindre que
s'il sort continuellement des vapeurs
& de la fumée du soleil , son corps ne
diminue insensiblement & ne vienne
enfin à s'épuiser ? On répond à cela
que véritablement le feu du soleil paroît semblable à celui que nous voyons
ici bas, par conséquent qu'il semble

avoir continuellement befoin de nour-
riture, mais qu'il la prend fans ceffe de
l'air qui l'environne; que la fumée qu'il
fait s'éloigne de fon centre par la même raifon, que la fumée de notre feu
s'éloigne du centre de la terre; mais
que cette fumée doit defcendre dere-
chef vers le foleil, lorfque plufieurs de
ces petites parties fe font conglomerées
& font devenues par conféquent affez
pefantes pour pouvoir y retourner &
fervir à cet aftre d'une nouvelle nour-
riture.

Ce qu'on remarque de plus confidé-
rable à l'égard des taches eft, qu'elles
ne gardent aucune figure particuliere,
& qu'elles font fujettes à des changemens continuels, tant à l'égard de leur
figure, qu'a l'égard de leur grandeur;
qu'elles paroiffent & difparoiffent en
très-peu de tems, principalement celles qui ne femblent être que de la fumée, & qu'elles tournent autour du
foleil environ en vingt-fept jours. Il
y a un Auteur qui dit, qu'il eût été à
fouhaiter, que quelqu'une de ces taches, ou quelques-uns de ces brillans
fût demeuré fixe dans le corps du foleil,

car on eût par-là décidé la grande
queſtion, ſçavoir, ſi c'eſt la terre ou
le ſoleil qui eſt immobile au centre de
l'univers ; mais cela ne ſert de rien, car
on élude l'argument en diſant que le
ſoleil tourne autour de ſon axe.

Au reſte, on dit qu'il y a cinquante
ou ſoixante ans qu'on n'obſervoit jamais preſque le ſoleil ſans y trouver
quelques taches, mais qu'à préſent elles ſont devenues ſi rares qu'il ſe paſſe
quelquefois deux ou trois ans ſans
qu'il en paroiſſe aucune.

DE JUPITER.

POur ce qui eſt de la Planette de
Jupiter, on voit dans ſon diſque
pluſieurs bandes, les unes claires, les
autres obſcures, qui vont d'orient en
occident, & qui ſont paralleles les
unes aux autres. Elles diviſent ſon
corps en Centures, comme les Zones
diviſent celui de la terre : & la plus
méridionale eſt un peu plus large que
la ſeptentrionale.

Outre ces bandes qui ſont marquées
dans la figure, M. Hock Anglois y a

I iij

encore remarqué un petit filet obscur un peu plus vers le midi, & outre cela encore M. Hartsœker dit qu'on découvre certaines taches claires dans les bandes obscures, & des taches obscures dans les bandes claires, qui sont sujettes à des changemens continuels, principalement les taches claires; & que ces taches (qui sont mobiles d'orient en occident) font voir que cette planette tourne autour de son axe en moins de dix heures. On dit que c'est la période la plus courte de celles que l'on a jusqu'ici remarquées dans le ciel.

Mais ce qu'il y a de plus remarquable dans la planette de Jupiter, sont quatre petites étoiles, que l'on appelle ses Satellites, qui tournent continuellement autour de lui, ils sont tous quatre dans des éloignemens différens. Le premier est éloigné de lui de trois minutes de degré, le second de cinq, le 3ᵉ. de 8. & le 4ᵉ. de 13. comme leur éloignement est différent, aussi l'est leur révolution. Le premier fait la sienne en un jour 18 heures, &c. le second en trois jours 13 heures, &c. le troisiéme en sept jours 4 heures, &c. & le qua-

triéme en ſeize jours 18 heures, &c.
cette découverte qui a été faite par
Galilée, & perfectionnée par les Aſtronomes poſtérieurs, principalement
par Monſieur Caſſini eſt une des plus
importantes qui ſe ſoit faite dans le
ciel, par le moyen des lunettes de longue vue.

DE SATURNE.

Rien n'a tant ſurpris les Aſtronomes des derniers tems que de voir
le globe de Saturne, entouré comme
il eſt d'une eſpéce d'anneau lumineux ;
mais dont les phaſes varient inſenſible-
ment tous les jours. Cet anneau ne ſe
montre pas rond comme un cercle que
l'on voit obliquement & de côté, &
cela avec une ſi grande variété, que
l'on voit quelquefois diſparoître l'anneau preſque entierement & le corps
de Saturne demeurer ſeul & tout rond,
comme l'on peut voir dans les figures
que l'on a faites

Sur ce changement de figure ces
Aſtronomes ont conclu que cet anneau
étoit plat & qu'il environnoit Saturne
de la même maniere à peu-près que

l'horizon d'une Sphere artificielle environne les globes ; & que ce qui le faifoit difparoître en certain tems , étoit à
caufe qu'il étoit alors tourné de profil
à notre égard & nous montroit fon côté tranchant , fi l'on peut parler de la
forte.

M. Hugens a remarqué que toutes les
fois qu'elle arrive vers le 20ᵉ. degré des
Poiffons & de la Balance , elle paroît
ronde & fans bras , & en effet elle
parut ainfi à la fin de Mai 1671. & doit
avoir paru de la forte en 1685. & en
1700 , c'eft-à-dire , de 15 en 15 ans ,
parce qu'il faut 30. ans à Saturne pour
faire le tour du Zodiaque.

Au refte , on dit que l'on a obfervé
que le globe de Saturne jettoit fon ombre fur l'anneau , & que l'anneau jette
la fienne fur le corps de Saturne , &
que l'on en a conclu que ces deux corps
étoient opaques & qu'ils ne recevoient
leur lumiere que du foleil.

Saturne n'eft pas feulement entouré de cet anneau , mais il a encore cinq
Satellites qui tournent autour de lui ,
comme ceux dont nous avons parlé
tournent autour de Jupiter , & l'on dit

que le premier fait sa révolution en
moins de deux jours, le second en
moins de trois, le troisiéme en quatre
jours & demi, le quatriéme en près de
seize jours, & le cinquiéme en près de
quatre-vingt jours. Il faut de bonnes
lunettes pour les voir, & celles avec
lesquelles on observe les satellites de
Jupiter ne suffisent pas.

DE MARS, DE VENUS, ET DE MERCURE.

ON a observé peu de choses dans
ces trois planettes, si ce n'est,

1°. Qu'on les voit changer de phases,
& augmenter plus ou moins en grandeur apparente, qu'elles approchent
plus ou moins de leurs oppositions, suivant leurs differentes positions avec le
soleil & la terre : ce qui fait voir qu'-
elles sont toutes des corps opaques.

2°. Que Venus est plus lumineuse,
& que Mars au contraire est toujours
trouble & d'une couleur rougeâtre, soit
que cela vienne de sa substance, c'est-
à-dire de sa matiére, soit qu'il y ait
toujours autour de cette planette beau-

coup de nuages & de brouillards, au travers desquels les rayons de lumiere passant & repassant, nous la font paroître avec cette couleur rouge.

3°. Que Mars & Venus ont des taches qui paroissent d'une figure extraordinaire : il faut voir sur l'estampe comme elles sont représentées, ce qui sera plutôt fait que de les décrire verbalement. Mais cette espéce de soleil qui paroît dans le corps de Venus n'est qu'un endroit plus lumineux que le reste.

4°. Que l'on reconnoît, par le moyen de ces taches, que ces deux planettes tournent sur leur propre centre, mais que l'axe de Venus la porte du septentrion au midi par un mouvement qui est d'ailleurs inconnu dans le ciel.

5°. Pour Mercure, on ne sçauroit dire s'il a des taches, ou s'il tourne sur son axe, parce qu'on ne l'observe que difficilement à cause de sa petitesse, & qu'il est ordinairement offusqué des rayons du soleil : ce qu'il y a de plus singulier dans cette planette, est qu'elle se trouve quelquefois dans le disque du soleil comme pour l'éclipser, & qu'elle y fait une petite tache d'environ la quatre-vingtiéme ou la quatre-vingt-dixiéme partie du diamétre.

DES QUALITE'S ET DES INFLUENCES DES ASTRES.

C'Est une chose constante parmi les Astrologues, que les Planettes ont les mêmes qualités que celles que les Philosophes donnent aux élémens, je veux dire le chaud, le froid, le sec & l'humide. Je dis les Astrologues, & non pas les Astronomes ; car dès le moment que les Chaldéens ont introduit dans l'Astronomie les prédictions du beau & du vilain tems, & celles du sort des mortels, on a communément donné le nom d'Astrologie judiciaire à cette vaine curiosité, & celui d'Astronomie à celle qui s'occupe à la recherche du mouvement, de la grandeur, de l'éloignement, de l'arrangement des corps célestes, & autres choses semblables.

Les Astrologues disent donc que Saturne est froid de sa nature, que Jupiter & Venus sont chauds & humides, mais que la chaleur domine dans Jupi-

eer , & l'humidité dans Venus ; que
Mars & le Soleil font chauds & fecs ;
que la Lune eft fouverainement humide , & que Mercure eft comme amphibie de fa nature , & qu'il augmente le
froid & la chaleur felon qu'il y eft déterminé par des corps froids ou par des
corps chauds.

Si cela eft , les influences qui ne font
que des émanations de ces corps céleftes , doivent fans doute participer à
ces mêmes qualités ; & comme on prétend que les preuves de ces influences
font fortes , au moins à l'égard de la
Lune , il femble que l'on peut accorder
que les autres Aftres influent pareillement ; quoique les effets n'en foient pas
fi fenfibles. L'on prétend même que ces
influences pénétrent jufques bien avant
dans la terre , & qu'elles y forment les
métaux & les minéraux.

On prétend encore que ce font ces
mêmes influences qui font la pluie &
le beau tems , les vents , la gelée , &
toutes les variétés que nous voyons &
que nous éprouvons dans l'air , & c'eft
ordinairement aux differens afpects des
Planettes que les Aftrologues attribuent

ces changemens, prétendans que ces aspects ont beaucoup de pouvoir pour les procurer; que quand telles & telles Planettes sont dans un tel aspect, elles produisent une telle température, & que dans un autre aspect, elles en produisent une autre.

Ils disent entre autres choses, que l'opposition & le quadrat sont des aspects mal-faisans, que le trine aspect & le sextile sont bien-faisans, & que la conjonction est différente.

Peut-être y a-t-il quelque réalité dans toutes ces choses, & que si l'on étoit assez instruit, on feroit des Almanacs passables; mais soit que les fondemens de cette science soient ruineux, ou que ceux qui se mêlent de prédire les changemens de l'air, n'ayant pas assez étudié la matiére, à peine trouve-t-on une de leurs prédictions véritables; d'ailleurs Kepler, voyant bien par ces seuls aspects, qui ne sont qu'au nombre de cinq, qu'on ne pouvoit rendre raison de tous les changemens qui arrivent dans l'air, il en a introduit encore plusieurs autres.

Mais ce ne sont pas seulement les

Planettes qui ont des influences, on
assure que les étoiles fixes en ont aussi,
& qu'elles pénétrent jusqu'à nous ; qu'il
y a des étoiles qui ont les mêmes qualités que Saturne, & qu'on appelle à
cause de cela Saturnines ; qu'il y en a
de joviales, de martiales, de solaires,
de vénériennes, de mercuriales & de
lunaires. J'aurois pu marquer sur mes
globes ces qualités des étoiles avec les
mêmes figures hieroglyphiques qui
servent à marquer les Planettes, mais
j'ai eu peur de les trop charger, & d'empêcher par-là qu'on ne distinguât bien
les étoiles, ce qui est, à mon avis, une
des principales choses à laquelle il faut
donner ses soins. D'ailleurs n'étant pas
instruit de ces connoissances, j'ai cru
que je pourrois tomber dans quantité
de fautes, ce qui me paroît inévitable
à ceux qui ne font que copier les ouvrages d'autrui. Ceux qui auront de mes
globes, & qui aimeront ces sortes de
remarques, pourront eux-mêmes ajouter ces caractéres aux étoiles, s'ils le
jugent à propos.

Quelles que soient les influences des
étoiles fixes, on est depuis long-tems

perſuadé qu'elles contribuent au beau
& au vilain tems , & même qu'elles le
procurent : il y en a qui ſont décriées
à cauſe du mauvais tems qu'elles amé-
nent , & des tempêtes qu'elles excitent
ſur la mer , comme ſont celles d'Arcturus , d'Orion , des Chevaux , que
Pline appelle des conſtellations horri-
bles , liv. 18. chap. 28. *Sidus vehemens
Orionis.* ch. 25. *Arɛturi ſidus non fermè
ſine procelloſâ grandine emergit* , lib. 2.
cap. 39.

C'eſt principalement dans les Poëtes
que l'on trouve ces ſortes d'expreſſions :
*Nimboſus Orion Arɛturoque cadente nives
Hædoque procellas exoriente timet.*

Arɛturum , pluviaſque Hyadas... *Virgil.
Æneid.* 2.
Quantus ab occaſu veniens pluvialibus
hædis ,
Verberat imber humum ... *Virg. Æneid.*
lib. 9. *&ç.*

Et ce langage n'eſt pas même inconnu aux Auteurs ſacrés , puiſque Job &
le Prophête Amos s'en ſont ſervis : *Qui
facis Arɛturum , & Oriona & Hyadas* ....

Qui eſt-ce qui n'attribue pas les chaleurs extraordinaires du mois d'Aout à
Sirius ou à la Canicule.

> Qua nullum terris violentius advenit aſ-
> trum.

Elle s'éléve en même tems que le
Lion, & augmente la chaleur d'une ſi
grande force, qu'il ſemble que la nature va ſe réduire en cendre.

> Cum vero in vaſtos ſurgit Nemæus hiatus
> Exoriturque Canis latratque Canicula
> flammas
> Et rabit igne ſuo geminans incendia ſo-
> lis . . .
> Dimicat in cineres orbis . . . *Manil.*

Mais ce n'eſt pas-là où les Aſtrologues
bornent les influences des étoiles, ils
prétendent que le bonheur ou le mal-
heur des hommes, la puiſſance ou la
ruine des Etats, en un mot que tout le
ſort des mortels dépend des étoiles ;
qu'elles préſident à la naiſſance des
hommes, & qu'elles font leurs différens caractéres.

> Sydera diverſos hominum . . . Conſcia fati,
> variantia Caſus.

Ceux

Ceux qui font curieux de ces chofes-là, pourront avoir recours aux cinq Livres Aftronomiques de Manile, dont les quatre derniers ne font que fur la force & fur la vertu fecrette des corps céleftes ; j'en rapporterai ici quelque chofe, afin que chacun puiffe juger du fond qu'il y pourra faire.

Il dit, par exemple, que le Bélier préfide à l'Hellefpont, à la Propontide & au Pont-Euxin, à caufe que celui de Phryxus & d'Hellé avoit parcouru toutes ces mers à la nage ; que le Lion préfide à la Phrygie, parce que c'eft l'animal de la mere des Dieux, qui eft principalement honorée en ce pays-là ; la Balance à l'Italie, à caufe que les Romains traitoient toutes les Nations avec beaucoup d'équité ; le Scorpion à l'Afrique, à caufe des animaux venimeux dont ce pays-là eft plein ; le Sagittaire à l'ifle de Créte, à caufe que les Habitans de ce pays-là étoient d'habiles archers ; le Capricorne, animal amphibie, à l'Océan & à toutes les côtes de l'Océan, à caufe que la mer couvrant & découvrant ces côtes, pourroit faire douter fi elles appartiennent à la terre ou à la mer. Il dit que la constellation du Cocher fera naître de bons écuyers & de bons conducteurs de chariots ; que sous la Fléche naissoient de bons archers ; sous Orion, de bons chasseurs & des gens infatigables ; sous le Scorpion, les preneurs & les destructeurs de Villes ; sous Cephée, des gens graves & composés ; sous la Vierge & sous l'Autel, des gens dévots & religieux ; sous les Pleyades, qui ont toutes sçu captiver les Dieux, à la réserve d'une, naissent des personnes qui n'ont point de plus grand soin que celui de leur beauté & de leur propreté ; sous la Chévre, des gens timides ou des personnes curieuses de nouveauté, parce que les chévres sautent de rocher en rocher, & de brossailles en brossailles.

Il semble que toutes ces choses ayent bien peu de probabilité, puisqu'elles ne sont fondées que sur quelques rapports frivoles & qui dépendent du caprice : car si de l'Autel on s'étoit avisé de faire l'Enclume de Vulcain, elle auroit apparemment fait naître des forgerons, au lieu des personnes dévotes que ces

Autel produit, & ainſi des autres. Je ne ſçais ſi Ptolomée a mieux réuſſi que lui, Scaliger le dit : mais Gaſſendi s'en moque; quoi qu'il en ſoit je n'ai pas cru devoir employer mon temps à le lire, ni pour en inſtruire les autres ni pour m'en inſtruire moi-même.

CE QU'IL FAUT PRINCIPALEMENT OBSERVER DANS LES ETOILES.

C'Eſt ſurtout la poſition des étoiles qu'il faut remarquer, c'eſt-à-dire, leur longitude & leur latitude, parce qu'on rapporte tous les mouvemens céleſtes à ces termes qui paroiſſent immobiles : c'eſt en vain que l'on cherche à connoître le mouvement des Planettes, ce qui eſt le plus de conſéquence & le plus difficile, ſi l'on ne ſçait au juſte la ſituation des étoiles fixes & ſi l'on n'a un plan exact du Firmament. Environ 360 ans avant N. S. Eudoxe ayant conçu la néceſſité de cette recherche, fit une deſcription exacte du Ciel, & cette deſcription ſervit depuis de fondement au poëme Aſtronomique qu'Aratus en fit, & qu'il intitula les Phénomenes.　　　　K ij

Il faut auſſi remarquer la ſituation
qu'elles ont les unes à l'égard des autres, quand celles-ci ſe levent, celles-
là ſe couchent ; une telle ſe leve à telle
heure, & eſt au méridien à telle heure.
Il y a des payſans qui ont un ſi grand
uſage de ces choſes-là, qu'ils diſent
quelle heure il eſt, par la ſeule inſpec-
tion des étoiles.

En quelle ſaiſon telle & telle étoile paroit & diſparoit, car les Poëtes ne
marquent guères les tems & les ſaiſons
que par-là, comme on peut voir par
les Faſtes d'Ovide & par les Géorgiques
de Virgile, &c.

Quand on aura bien conſidéré le globe
& qu'on en aura pris une idée raiſon-
nable, il faudra rapporter ce qu'on
voit ſur le globe à la Sphere naturelle, c'eſt-à-dire au Ciel, & tâcher d'y
connoître quelques conſtellations, ſur-
tout celles qui ſont les plus apparen-
tes, comme la grande Ourſe, le cœur
du Lion, la Canicule, &c. après quoi
il ſera plus aiſé de reconnoître les autres, par le moyen du globe.

Comment on a arrangé tous les luminaires qui sont dans le Ciel.

A Ne confulter que les fens, on diroit que tous les corps lumineux que nous voyons dans le Ciel, font également éloignés de nous ; mais on a reconnu à plufieurs marques, qu'il s'en falloit bien que cela fût ainfi, & qu'il y en avoit plufieurs qui étoient dans des diftances très-différentes de la terre : & dans ces différens éloignemens, plufieurs Aftronomes ont affigné des lieux différens au Soleil à la Lune & aux étoiles. Anaximander dans Gaffendi, a placé le Soleil au plus haut lieu, la Lune au fecond, les Planettes au 3e. & les étoiles fixes au plus bas, ce qui eft bien contre l'ordre qu'on donne aujourd'hui à ces luminaires.

Car, comme je l'ai déja remarqué, on a reconnu comme une chofe conftante que la Lune étoit au plus bas lieu, & après elle on a mis toujours en montant Mercure, Venus, & le Soleil au milieu de toutes les autres, en ayant trois au-deffous de lui, la Lune, Mer-

cure & Venus; & au-deſſus, Mars, Jupiter , & Saturne.

Pour retenir cet ordre, il faut, comme
je l'ai déja dit, prendre tous les jours de
la ſemaine, qui ſont tous conſacrés à
l'une ou à l'autre de ces Planettes, commencer par le lundi qui eſt à la Lune, puis
ſauter au mercredi qui l'eſt à Mercure, au
vendredi qui l'eſt à Venus, au Dimanche
qui s'appelloit autrefois le jour du Soleil & qui n'a été appellé le jour du
Seigneur que par les Chrétiens , au mardi pour Mars , au jeudi pour Jupiter,
& au ſamedi pour Saturne, car c'eſt des
Juifs que nous avons pris le nom de
Sabbat, que nous donnons à ce jour-là.

Une des choſes qui nous ont fait
remarquer que les Planettes étoient
dans un différent degré d'élevation, eſt
qu'elles ſe cachent les unes les autres,
& comme l'on avoit déja reconnu que
leurs mouvemens étoient fort différens, on a conclu que chaque planette
avoit ſon Ciel particulier , parce qu'un
même Ciel ne peut pas avoir des mouvemens contraires. Pour les étoiles fixes comme elles ſont toujours dans la
même ſituation les unes à l'égard des

autres, on a cru qu'elles pouvoient bien être toutes dans un même Ciel, que l'on appelle le Firmament, & on l'a mis au-deſſus de tous les autres : ainſi voilà trois différens cieux, les uns plus hauts les autres plus bas.

C'eſt dans le Firmament que ſont toutes les conſtellations dont nous avons parlé, quand on dit que le So-leil eſt dans une telle ou telle conſtel-lation, cela ne ſignifie pas qu'il ſoit véritablement dans le même Ciel où ſont les étoiles qui compoſent ladite conſtellation, car on dit qu'il y a une diſtance infinie du ciel du Soleil à ce-lui des étoiles fixes ; mais cela veut di-re, que le Soleil répond à cette conſ-tellation, & que ſi de l'endroit où l'on obſerve, on tiroit une ligne qui paſſât par le corps du Soleil & qui fût pro-longée juſqu'au Firmament elle iroit aboutir à la conſtellation dont on parle.

On a cru que les Cieux étoient tous contigus les uns aux autres, & qu'ils avoient de la profondeur & de l'épaiſ-ſeur, les uns plus, les autres moins, à peu-près comme différentes écorces qui envelopent ou plutôt qui compo-

sent un oignon ; enfin au-dessus du Firmament , on a encore imaginé d'autres
Cieux, le premier , & le second crystal-
lin , & un autre encore appellé le premier Mobile , de la nécessité desquels
on parlera plus bas.

L'on a cru que toutes ces Spheres
étoient concentriques , c'est-à-dire ,
qu'elles avoient toutes un même centre
avec la terre , que l'on a mise juste-
ment au milieu du monde, comme l'on
a déja dit ci-devant ; mais cela se verra mieux dans une figure.

DE LA SPHERE ARTIFICIELLE, ET DES CERCLES QUI LA COMPOSENT.

IL ne suffisoit pas d'avoir arrangé,
comme l'on a fait, les principales
parties du monde: comme on a reconnu
que les cieux tournoient avec les luminaires qui y sont attachés, il a fallu
chercher les moyens d'expliquer ces
mouvemens, & c'est pour cela que
l'on a imaginé des points, des lignes
& des cercles , qui ne sont pas véritablement dans le ciel , mais par le
moyen

moyen desquels on n'a pas laissé de parvenir à la connoissance de plusieurs choses bien réelles & bien solides, & de rapprocher, pour ainsi dire, des hommes, ce qui paroissoit être si fort au-dessus de leur portée.

Et non-seulement on a imaginé toutes ces choses dans le ciel pour en expliquer les mouvemens, mais on a même inventé cet instrument que nous appellons Sphere artificielle, composée de divers cercles, qui sert à representer le monde & à rendre ses mouvemens plus sensibles, quoiqu'elle ne soit pas composée d'autant d'arbres que nous avons nommé de cieux : néanmoins avec les seuls cercles que l'on y voit, & leur disposition & arrangement l'on peut raisonnablement concevoir la machine des cieux, & ce qu'il y a de moins embarrassant dans leurs mouvemens.

La petite boule qui est au milieu de cette machine représente le globe terrestre au milieu de tout l'univers, tellement que le centre de cette boule est le même que celui du monde.

Les cercles représentent le firma-

ment & formeroient un globe celeſte,
ſi les eſpaces qui ſont entr'eux étoient
remplis, & que les étoiles & les conſtellations y fuſſent dépeintes ; mais on
a laiſſé ces vuides pour faire voir la
terre, & pour donner plus d'attention
aux cercles, qui ſont la principale choſe qu'il faut conſidérer.

La ligne ou le fil de fer qui traverſe la Sphere qui ſoutient le globe terreſtre au milieu de cet intervalle, & à
l'entour de laquelle tournent la plupart des cercles, s'appelle l'Axe, elle
aboutit de part & d'autre au plus haut
des cieux, & ces deux extrêmités ſont
appellés Poles, l'un ſeptentrional, &
l'autre méridional.

Il faut s'imaginer que l'eſpace qui eſt
entre le globe terreſtre, & les cercles
qui repréſentent le firmament eſt oc-
cupé par trois regions de l'air & par les
cieux des Planettes qui devroient avoir
chacun leur cercle & chacun leur axe,
auſſi-bien que le firmament ; mais parce que cela feroit un grand embarras
dans cet inſtrument, on s'eſt contenté
de mettre ceux du ciel & de la lune,
encore ne les a-t-on repréſentés que

par des portions de cercles & des portions d'axe, afin qu'on les pût faire tourner aisément, mais il faut se figurer le reste.

Les cercles sont au nombre de dix, six grands & quatre petits. Les six grands sont l'Horizon, le Meridien, l'Equateur, le Zodiaque & les deux Colures, chacun desquels divise la Sphere en deux parties égales. Les quatre petits sont les deux Tropiques & les deux Cercles Polaires, qui la divisent en deux parties inégales. Dans la Sphere artificielle l'Horizon & le Meridien sont immobiles, & les autres tournent au-dedans de ceux-ci.

On doit concevoir tous ces cercles comme des lignes Mathématiques, c'est-à-dire, comme indivisibles en largeur ; il n'y a que le Zodiaque qui est large, mais il y a une ligne au milieu que l'on appelle Ecliptique, & qui n'a aucune largeur.

On appelle Cercles paralléles ceux qui sont également éloignés l'un de l'autre, & qui ne s'approchent pas plus dans un endroit que dans un autre, comme sont l'Equateur, les deux

Tropiques , & les deux cercles Polaires ; les autres font appellés des Cercles obliques.

On divife tous ces cercles en 360. parties, que l'on appelle des Dégrés, chaque dégré en 60. minutes , chaque minute en 60. fecondes , &c. & l'on a choifi ce nombre, parce qu'il enferme plus de parties aliquotes qu'aucun autre. On marque ces dégrés fur l'Horizon , fur le Méridien, fur l'Equateur, & fur l'Ecliptique ; parce qu'on parle fouvent des parties de ces cercles , on ne les marque pas fur les autres où ils ne font pas fi néceffaires , mais il faut fe les y imaginer.

Après avoir vu les parties dont la Sphere artificielle eft compofée , il faut voir préfentement quelle a été la néceffité , ou au moins les raifons que l'on a eues d'imaginer toutes ces chofes , & quels font les ufages des cercles , des axes , des poles , & autres chofes dont nous avons parlé.

DE L'AXE ET DES POLES.

SI nous fuppofons, comme nous avons fait ci-devant, que le ciel eſt ſolide, & que les luminaires y ſont attachés comme le ſeroient des clous à une voute, il faut conclure que c'eſt le ciel même qui tourne, & qui emporte les corps lumineux avec lui; qu'ils ſe levent & qu'ils ſe couchent, parce que le ciel en tournant les fait lever & les fait coucher ; qu'il nous les montre durant quelque tems, & qu'il les dérobe à nos yeux pour les faire paroître à ceux qui ſont au-deſſous de nous.

Pour rendre cela plus ſenſible, on s'eſt repréſenté tout le monde comme une grande boule, & l'on a attribué à cette boule ce qu'on attribue aux boules ordinaires. Le centre de cette grande boule du monde eſt le globe terreſtre tout entier ; il ne faut le regarder que comme un point, & il n'y a rien en cela de chimérique, car on s'eſt convaincu dans la ſuite que tout le globe terreſtre ne faiſoit effectivement qu'un point à l'égard du ciel.

Cela ſuppoſé , ſi je voulois faire tourner une boule aiſément & avec uniformité , je paſſerois une broche au travers & par le centre de cette boule , &
je la ferois tourner à l'entour de cette
boule : il n'y a point de boule , quelque
groſſe qu'elle ſoit , qui ne tourne aiſément ſi elle eſt ſuſpendue de cette maniére. Cette broche ſeroit appellée un
axe ou un eſſieu , à cauſe du rapport
qu'elle a avec l'eſſieu d'une charrette ,
ſur lequel ou autour duquel tournent
les roues pendant que l'eſſieu demeure
immobile.

Si de l'endroit où cette broche entre
dans la boule , juſqu'à l'endroit d'où
elle en ſort , je tirois une ligne courbe ,
& que je marquaſſe de rouge , de verd ,
de jaune , tous les points dont elle eſt
compoſée , & que je fiſſe tourner la
boule , il eſt ſûr que tous ces points ,
en tournant avec elle , décriroient des
cercles rouges , verds & jaunes , à la
réſerve des deux points qui ſeroient aux
extrêmités de l'axe , que l'on ſuppoſe
alors ne paſſer pas la boule , leſquels
tourneroient ſimplement en eux-mêmes , pour parler de la ſorte , & ces

deux points feroient appellés Poles, du mot Grec πολέω, qui fignifie je tourne.

Les points qui approchent le plus des Poles décrivent les petits cercles, & ceux qui en font le plus éloignés décrivent les plus grands cercles.

C'eft en expliquant ces principes d'une fphere ou d'une boule particuliére à la grande Sphere du monde, qu'il a fallu fe figurer un axe & des poles dans le monde, fur lefquels le ciel tourne avec des luminaires qu'il emporte avec lui.

Comme il étoit de conféquence de trouver dans le ciel les endroits où étoient les poles ou les extrêmités de cet axe, afin de connoître précifément de quel fens ou de quel biais le ciel & les aftres tournoient, on s'eft mis en devoir de les chercher. Cette découverte ne paroiffoit pas impoffible, car il ne falloit qu'obferver deux endroits dans le ciel qui ne fe remuaffent pas pendant que tout le refte tourneroit, & l'on a trouvé que l'un de ces endroits étoit auprès de la petite Ourfe, & c'eft ce qui fait qu'on l'a appellé le Pole Arctique, parce que ἀρκτὸς en Grec fignifie une Ourfe.   L iiij

Cette petite Ourse, aussi-bien que la grande, est composée de plusieurs étoiles, principalement de sept qui tournent autour du pole. Celle qui est à l'extrêmité de la queue est la plus proche du pole, ce qui lui a fait donner le nom d'Etoile Polaire. Toutes les sept ont été appellées par les Latins *Septem-Triones*, comme qui diroit les sept Bœufs, à cause de la ressemblance qu'on a cru qu'elle a avec des bœufs qui tirent la charrue, & voilà d'où est venu le nom de Septentrion.

On a remarqué que l'Etoile Polaire n'étoit pas tout-à-fait immobile, parce que la regardant par un tuyau à l'entrée de la nuit, & ensuite vers la pointe du jour on trouve qu'elle a changé de place, ce qui a fait juger qu'elle n'étoit pas précisément au pole, où elle seroit immobile, mais qu'elle faisoit un tour comme les autres, mais bien plus petit que les autres.

On donna à l'horizon un autre axe que celui du monde, un autre à l'écliptique, un autre au ciel de la lune, & à ceux des autres planettes, & il faut s'imaginer des poles aux extrêmités de tous ces axes, mais ce n'eſt pas ici le lieu d'en parler, parce que cela ſuppoſe que l'on a expliqué, ou au moins parlé du mouvement du ſoleil & des autres planettes.

DE L'HORIZON, DU LEVER ET DU COUCHER DU SOLEIL, DU ZENITH ET DU NADIR.

LE premier des cercles que je veux faire remarquer eſt l'Horizon qui coupe le monde en deux parties égales, ou en deux hémiſpheres, l'un ſuperieur & l'autre inferieur : on l'appelle Horizon, comme qui diroit finiteur ou terminateur, parce qu'il ſépare cette partie du monde, que nous voyons, de celle que nous ne voyons pas.

C'eſt par rapport à ce cercle que l'on dit que le Soleil ſe léve & ſe couche, qu'il ſe léve quand il monte, & qu'il ſe fait voir ſur l'horizon pour faire le jour par ſa préſence, & qu'il ſe couche lorſqu'il s'abaiſſe & ſe cache au-deſſous de nous pour faire la nuit par ſon abſence, & pour aller éclairer d'autres peuples de la terre.

On diſtingue deux ſortes d'horizons, l'un ſenſible, & l'autre rationel ou intelligible : on voit toujours la moitié du ciel en quelque endroit de la terre que l'on ſoit, pourvû que notre vûe ne ſoit pas bornée par des montagnes, par des forêts, ou par quelqu'autre obſtacle de cette nature ; mais pour la terre, on n'en ſçauroit voir qu'une bien petite portion, les uns plus, les autres moins, ſelon que l'on a la vûe bonne ou mauvaiſe. On prétend que la vûe d'un homme, quoique d'un lieu fort élevé, ne ſçauroit porter plus loin qu'environ vingt-deux milles d'Italie. On appelle donc Horizon ſenſible, celui qui juſqu'où outre-vûe peut s'étendre ſur la terre, & l'Horizon rationel ou intelligible, celui qui coupe tant la terre que le ciel en deux parties égales, ce qui peut bien ſe concevoir, mais qui ne tombe pas ſous les ſens : car il faut concevoir que la terre eſt vûe de ſon centre, après avoir été coupée en deux.

J'ai dit que l'on voyoit toujours la moitié du ciel, en quelque endroit de la terre que l'on fût ; cela, qui paroît un peu difficile à croire & à concevoir, pourroit s'entendre par le moyen d'une figure, dans laquelle un petit cercle repréſenteroit le globe terreſtre ; & un autre qui lui ſeroit concentrique, mais qui ſeroit bien plus grand, repréſenteroit le Firmament : une ligne qui paſſeroit par le centre de la terre, & qui ſeroit prolongée de part & d'autre juſqu'au Firmament, ſerviroit d'horizon rationel ; & une autre qui ne feroit que raſer la terre, & qui ne la toucheroit que dans un point, ſeroit dans l'horizon ſenſible.

Il eſt viſible, que ſi ces deux paralleles étoient prolongées juſqu'au Firmament, elles y prendroient un intervalle auſſi grand que l'eſt le demi-diamétre de la terre, & cependant je dis que cet intervalle ne ſeroit, à notre égard, que comme un point, d'autant que les lignes ſembleroient enfin ſe joindre & concourir l'une avec l'autre, à cauſe de la grande différence qui eſt entre le ciel & la terre, enſorte qu'une étoile ſe verroit dans un même point, ſoit qu'elle ſoit vue du centre ou de la ſurface de la terre.

Naturellement un homme eſt tou-

jours au milieu de ſon horizon, car il
doit voir autant d'un côté que d'un autre, à moins qu'il n'en ſoit empêché
par quelque hauteur ou par quelque
autre choſe, comme nous avons dit;
mais à meſure qu'on change de place,
on change auſſi d'horizon, parce que
la vue gagne quelque choſe du côté vers
lequel on s'avance, & qu'elle perd autant du côté dont on s'éloigne; & c'eſt
ce qui fait que l'on dit que l'horizon eſt
un cercle mobile, quoiqu'il ſoit immobile dans la ſphere artificielle.

Cet horizon immobile ne laiſſe pas
de repréſenter en quelque maniére ce
changement ou cette variété d'horizon
dont nous venons de parler, parce qu'encore qu'il ne ſe meuve pas à l'entour du
reſte de la Sphere, le reſte de la Sphere
ſe meut au-dedans de lui; & pour que
le changement de l'horizon paroiſſe, il
n'importe pas dans lequel des deux ſe
faſſe le mouvement ou de l'horizon ou
de la Sphere.

De ce que nous venons de dire que
quand on change de place, on change
auſſi d'horizon, il s'enſuit que tous les
habitans de la terre ont tous des horizons différens.

Pour voir quel est l'horizon d'une personne, & par conséquent quelle partie du ciel & de la terre peut tomber sous les sens, il faut mettre au sommet du globe la Ville ou le point de la terre sur lequel il est situé, ensorte qu'il y ait depuis lui jusqu'à l'horizon quatre-vingt-dix degrés de tous côtés.

Nous avons dit que dans la Gréce, où ont été les premiers Sçavans de l'Europe, le Pole Arctique est beaucoup élevé au-dessus de l'horizon & par conséquent que celui qui lui est diamétralement opposé est beaucoup au-dessous, qu'ainsi dans leur situation ils ne peuvent jamais voir tout le ciel.

Hic vertex nobis semper sublimis, at illum Sub pedibus nox atra videt manesque profundi.

Plus notre Pole est élevé sur l'Horizon & moins nous voyons de cette partie du Ciel qui lui est opposée, parce que cette partie qui ne monte pas sur notre Horizon, est plus grande que quand le Pole est moins élevé.

On suppose que l'horizon a aussi son axe particulier, dont les poles sont

deux points du Ciel qui nous répondent l'un fur notre tête que l'on appelle Zénith, & l'autre à nos pieds dans la
partie oppofée du Ciel, & celui-ci
s'appelle Nadir.

Gaffendi dans le chapitre 5. où il
parle de l'horizon, dit qu'il devoit
toucher quelque chofe de ce qu'on
appelle horizon droit, horizon oblique, & horizon paralléle, par où
il fait bien voir qu'il n'eft pas néceffaire
que l'on explique dans un feul endroit
tout ce que l'on a à d're & tout ce
que l'on peut dire, d'un cercle ou d'u-
ne autre partie de la Sphere, ce qui fe
fait néanmoins ordinairement.

Du Jour naturel et artificiel.

NOus avons dit ci-devant, que
c'étoit la préfence du Soleil qui
faifoit le jour & fon abfence qui faifoit la nuit. Dieu, dit l'Ecriture, appella nuit le tems de l'obfcurité & jour
le tems de la clarté, *Appellavit lucem
diem, & tenebras noctem.*

Quoique ce foit-là à ce qu'il femble
la propre & naturelle fignification du

mot de jour, néanmoins ce mot est encore pris dans une autre signification, sçavoir pour le temps de la lumiere & des ténébres tout ensemble, c'est-à-dire, pour tout l'espace d'un jour & d'une nuit, & c'est ce qui nous est encore marqué dans l'Ecriture, quand il est dit, que du tems des ténébres & de celui de la lumiere, fut fait le second jour & ainsi des autres. C'est aussi de ce jour qu'il faut entendre ces paroles, Le premier jour Dieu créa le ciel & la terre, le second il créa le Firmament, le 7me. jour il se reposa, &c.

Dans cette seconde signification, le jour est appellé jour naturel, & dans la premiere lorsqu'il ne signifie que le tems de la lumiere, il est appellé jour artificiel. Il semble que ce devroit être tout le contraire : car enfin c'est la nature qui fait le jour & la nuit ; & c'est par l'institution des hommes que le mot de jour qui signifie proprement le temps de la lumiere, a été employé à signifier aussi le tems des ténébres, mais l'on est convenu de cela, & tel est l'usage auquel il faut se conformer, en quoi l'on a peut-être eu égard à l'informité de cette petite période, qui résulte du tems de la lumiere & des ténebres tout ensemble, car le jour naturel est toujours d'une même longueur, au lieu que le jour artificiel est tantôt plus long, tantôt plus court, selon les saisons.

Il est probable que le jour naturel fut bientôt divisé en quatre parties, ou au moins que l'on y distingua quatre principaux tems, sçavoir le matin, le midi, le soir, & le minuit; dans la suite il fut divisé en 24. parties que l'on appelle des heures, les heures en soixante minutes, & les minutes en soixante secondes.

Le premier jour du monde, commença par la nuit & comme depuis ce tems-là il s'est fait une suite continuelle de jours sans aucune interruption, il est évident que les jours doivent encore commencer par la nuit, comme les Juifs les commençoient autrefois. Aussi y a-t-il des nations dans le monde qui le pratiquent encore de la sorte.

Du Meridien.

COmme c'eft l'horizon qui fait le matin & le foir, c'eft-à-dire, le commencement du jour & de la nuit, c'eft le méridien qui fait le midi & le minuit, c'eft-à-dire le milieu du jour & le milieu de la nuit. Pour bien concevoir & bien expliquer cela, on a imaginé un cercle qui paffe par les deux poles du monde, par le zénith ou le point vertical qui eft directement fur notre tête & par le Nadir qui lui eft directement oppofé.

Quand le Soleil fait fa courfe fur l'horizon & qu'il eft arrivé à la partie fupérieure de ce cercle, il a fait juftement la moitié de fa courfe & la moitié du jour, parce qu'il eft également éloigné des points de fon lever & de fon coucher, & qu'il lui refte autant de tems à paffer jufqu'à fon coucher qu'il s'en eft écoulé depuis fon lever, & quand il fait fa courfe fous l'horizon & qu'il eft arrivé à la partie inférieure de ce même cercle, il a fait la moitié de fa courfe nocturne, pour parler de la forte, & la moitié de la nuit. Le méridien partage le monde en deux Hémifpheres, dont l'un eft oriental, & l'autre occidental, & l'équateur en deux autres parties, feptentrionale & méridionale : car comme ceux qui ont donné ces noms chaldéens, égyptiens ou grecs ont remarqué que le Soleil à midi étoit dans une partie oppofée au feptentrion, & que pour le voir il falloit tourner le dos au Pole arctique, ils ont appellé Midi cette partie oppofée au feptentrion.

Tous les points de la terre ont leur meridien fixe & invariable, & il faut pour faire un jour naturel que le foleil foit revenu au même méridien d'où il étoit forti le jour d'auparavant.

A mefure que nous avançons vers l'Orient ou vers l'Occident nous nous trouvons toujours fous de nouveaux meridiens, mais fi quelqu'un alloit directement vers le Septentrion ou vers le Midi, il auroit toujours le même meridien, par où il eft aifé de voir pourquoi ceux qui font fous le même méridien ont midi en même tems, au lieu que ceux qui font fous un meridien plus oriental, l'ont plutôt, & ceux qui sont sous un plus occidental l'ont plus tard, parce que le soleil atteint plutôt le meridien des premiers, & plus tard celui des derniers, si bien qu'à la rigueur il est vrai de dire qu'il est plutôt midi au Fauxbourg Saint Antoine, qu'il ne l'est à la porte Saint Honoré.

Le Meridien de la Sphere artificielle quoiqu'unique ne laisse pas de représenter tous] les meridiens du monde, comme nous avons dit que l'Horizon représentoit aussi tous les Horizons.

Comme le soleil & les astres montent jusqu'au meridien, & que de là ils commencent à descendre, c'est de là que la plus grande élevation ou hauteur du soleil & des astres est appellée Hauteur meridienne.

Il faudroit ici traiter des autres cercles de la Sphere, c'est-à-dire, de l'Equateur, du Zodiaque, des Colures, des Tropiques & des Cercles Polaires, si on suivoit la route ordinaire ; mais comme on ne sçauroit concevoir ce que l'on en dit, si l'on n'est auparavant instruit du mouvement propre du soleil, il est nécessaire d'en parler ici.

Du mouvement naturel du Soleil, de la Lune, et des autres Planettes, et du mouvement de Rapt.

J'Ai infinué ci-deſſus que les Etoiles fixes & les Planettes avoient des mouvemens differens, que les Etoiles fixes gardoient toujours la même diſtance entr'elles, mais que les Planettes ne gardoient pas toujours la même diſtance ni entr'elles, ni avec les Etoiles fixes, & que c'eſt pour cela qu'on les avoit miſes dans des cieux differens; voici comment on s'eſt apperçu que cela étoit ainſi.

On a remarqué qu'il y avoit une infinité d'Etoiles qui ſe levoient toujours en même tems les unes que les autres, qui ſe trouvoient en même tems au méridien, & qui ſe couchoient en même tems, & par conſéquent qui gardoient toujours la même diſtance entr'elles; mais qu'il y en avoit quelques-unes, qui s'étant levées aujourd'hui, en même tems que d'autres, huit jours après ſe levoient plus tard que ces au-

tres , & huit autres jours après encore
plus tard.

On a reconnu la même chofe bien
évidemment dans la Lune , qui s'éloigne tous les jours confidérablement
d'une Etoile avec laquelle elle étoit
quelques jours auparavant, & qu'elle
s'en éloignoit en allant plus à l'Orient.
Enfin on a encore obfervé la même
chofe à l'égard du Soleil.

Il étoit aifé de remarquer que des
Etoiles s'approchoient les unes des autres, & que la Lune même étoit tantôt
en conjonction avec certaines Etoiles ,
& tantôt avec d'autres , parce qu'on
peut en même tems voir les unes & les
autres ; mais comment remarquer que
le Soleil s'approche ou s'éloigne de certaines Etoiles, puifque la lumiere eft fi
grande & occupe tellement l'organe
de la vue, qu'on ne peut appercevoir
les autres luminaires qui luifent en même tems,comme on voit qu'une chandelle allumée ne paroît que fort peu ou
point du tout dans un endroit où le
Soleil luit.

Je répons que c'eft au lever,ou coucher du Soleil que l'on s'apperçoit de ce-

la ; car fi nous fuppofons que le Soleil étant couché depuis une heure, je vois trois Etoiles fe coucher après lui à quelque diftance les unes des autres ; que quinze jours après le Soleil s'étant couché, je ne vois plus que les deux dernieres ; & que quinze autres jours après le Soleil s'étant couché pareillement, je n'en vois plus paroître qu'une, ce fera une marque évidente que le Soleil s'eft avancé vers ces Etoiles dont il étoit auparavant éloigné, & qu'il s'eft avancé en Orient, & cela eft vrai.

On a remarqué la même chofe au Soleil levant, car ayant près de lui certaines étoiles qui fe lévent en même tems que lui, on ne les voit pas pendant un certain tems, à caufe de la trop grande proximité qu'elles ont avec un corps fi éclatant, mais à quelques jours de-là, lorfque le Soleil s'eft éloigné d'elles, & s'eft avancé en Orient, elles paroiffent & elles fe lévent avant lui.

Ce mouvement des planettes en Orient eft donc fûr, mais il n'eft pas moins fûr que le foleil & les autres planettes font tous les jours un tour d'orient en occident ; & il n'y a pas tant de peine à obſerver celui-là , puiſqu'on voit tous les jours , ſans étude & ſans grande attention, le Soleil ſe lever & ſe coucher du côté de l'occident , & que c'eſt ce lever & ce coucher qui fait notre jour & notre nuit , comme nous avons dit.

Pour l'explication de ces choſes , parce qu'un même corps n'eſt pas capable de deux mouvemens contraires , on a cru que le Firmament tournoit d'orient en occident , qu'il faiſoit ſon tour en 24 heures & que ſon mouvement étant extrêmement rapide & violent , il entretenoit par ſa rapidité tous les autres cieux qui lui ſont inférieurs , mais contigus , & leur faiſoit faire tous les jours un tour comme lui d'orient en occident ; cette violence étant ſi grande qu'elle ſe tranſmettoit juſqu'au ciel de la Lune qui eſt le plus bas de tous ; mais que les cieux inférieurs d'un mouvement qui leur eſt propre & naturel , tournent d'occident en orient chacun avec ſa Planette , mais d'un mouvement beaucoup plus lent, parce qu'ils ne le font qu'en résiſtant à la violence du Firmament dont le mouvement eſt contraire au leur ; cela eſt cauſe que quand un point de ce ciel rapide, (je veux dire du Firmament) qui étoit ſorti de deſſus , y eſt revenu , les points des autres cieux qui étoient auſſi ſortis en même tems de deſſus ma tête , n'y ſont pas encore revenus , parce qu'ils ont un peu avancé de leur côté par un mouvement contraire , c'eſt-à-dire , d'occident en orient.

Pour un plus grand éclairciſſeme de cette difficulté , je ſuppoſe qu'un homme eſt enfermé dans une grande roue , & que cette roue tourne à l'entour de lui par deſſus ſa tête & par deſſous ſes pieds de gauche à droite. Je ſuppoſe encore qu'il y ait un chat ſur cette roue qui marche continuellement, mais lentement de droite à gauche , enſorte que c'eſt par violence qu'il eſt emporté par la roue la queue devant ; quand la roue aura fait un tour, l'endroit de la roue qui étoit ſur la tête de l'homme y ſera revenu , mais le chat qui aura marché d'un ſens contraire n'y ſera pas encore ; il en eſt de même

du

du point du Firmament qui se retrou-
vera sur ma tête après son tour fait,
lorsque les points des cieux inférieurs
qui y avoient été en même tems que
celui-là ne s'y trouveront pas encore.

Ce mouvement par lequel le Soleil,
la Lune & les autres planettes sont
emportés d'orient en occident, s'appelle
mouvement de rapt ou du premier mobile; & celui par lequel ces luminaires s'avancent d'occident en orient, s'appelle le mouvement propre.

Rien de cela ne sçauroit arriver, si
l'on ne suppose, comme nous avons
fait, que tous les cieux sont non-seulement transparens, comme du crystal,
mais qu'ils sont encore contigus, durs
& solides; & que les astres pour pouvoir être emportés avec eux, leur sont
attachés, & cela se peut bien admettre
comme une pure hypothese, comme
nous l'avons déja insinué pour expliquer ces mouvemens contraires, quand
même il n'y auroit point d'apparence
de vérité.

Ce mouvement propre est différent
dans toutes les Planettes, & se fait
dans un différent degré de vitesse, en-

forte que celles qui font plus baſſes
vont plus víte que les autres : ce qui
rend cette opinion vraiſemblable
ſemble venir de ce que les cieux qui
ſont plus près du premier mobile reçoivent de lui une impreſſion plus vive, & par conſéquent n ont pas tant de
force pour lui réſiſter , & pour ſe mouvoir d'un côté oppoſé.

Ainſi ce mouvement propre s'obſerve plus aiſement dans la Lune qui eſt
la plus baſſe des Planettes que dans les
autres , parce qu'étant emportée par
le premier mobile , avec moins de violence que les autres d'orient en occident , elle avance elle-même conſidérablement d'occident en orient ; &
quand le point du premier mobile qui
eſt ſorti en même temps qu'elle de
deſſus ma tête y eſt revenu, il s'en faut
encore beaucoup qu'elle y ſoit revenue,
mais comme les autres Planettes ne
s'avancent pas tant par leur mouvement propre, il s'en faut peu qu'elles
ne reviennent ſur notre tête , au même
tems que le point du premier mobile ,
avec lequel elles en étoient parties.

Les Planettes en rétrogradant ainſi

d'occident en orient & se trouvant tous les jours sous une étoile ou sous un point du ciel, de plus oriental en plus oriental, achevent enfin de faire un tour entier & reviennent au point du ciel, d'où elles étoient parties. Saturne acheve son tour en 30 ans, Jupiter en 12, Mars en 2, le Soleil en 365 jours & près de 6 heures (& c'est ce qui fait l'année) la Lune acheve le sien en 29 jours & demi, &c.

MOUVEMENT DU SOLEIL ET DES AUTRES PLANETTES, DU SEPTENTRION AU MIDI ET DU MIDI AU SEPTENTRION.

ON a remarqué que le Soleil outre son mouvement d'occident en orient qui lui est propre & naturel, & celui d'orient en occident qui est un mouvement étranger qui lui est imprimé par le premier mobile, en avoit encore un autre du midi au septentrion, & du septentrion au midi. Je dis le Soleil, parce que cela se remarque évidemment en lui, quoique la même chose arrive aussi aux autres Planettes.

On a vu qu'il n'étoit pas toujours

également éloigné des poles du monde,
mais que tantôt il approchoit du pole
Arctique, & tantôt du pole Antarctique ; qu’il ne s’elevo t pas toujours dans
le même point de l’horizon ; que sa
hauteur méridienne étoit différente selon les saisons, & que son ombre méridienne étoit aussi de différente longueur : toutes ces choses ont fait
conclure évidemment que le soleil avoit
un mouvement du midi au septentrion,
& du septentrion au midi.

Pour combiner ce mouvement avec
les autres, il a fallu imaginer que le
ciel du soleil tournoit sur un axe différent de celui du monde ; que l’axe du
monde, sur lequel tourne le premier
mobile, alloit tout droit du septentrion
au midi, & par conséquent que le premier mobile tournoit aussi tout droit
d’orient en occident ; mais que l’axe du
soleil alloit de biais, & que ses extrêmités ou ses poles déclinoient, c’est-à-
dire s’éloignoient des poles du monde.

Si cela est ainsi, le cercle que le soleil décrit par son mouvement propre
est oblique à l’Equateur, c’est-à-dire
de biais avec lui, & par conséquent la

moitié de ce cercle est dans la partie
septentrionale du monde, & l'autre moitié dans la partie méridionale : ainsi le
soleil en parcourant ce cercle, qu'il
n'acheve que dans un an, comme nous
avons dit, se trouverra pendant six
mois du côté du septentrion, & pendant six autres mois du côté du midi.

DE L'ECLIPTIQUE, DES TROPIQUES, ET DES COLURES DU ZODIAQUE, DES PARALLELES DU SOLEIL ET DE LA LUNE.

CE cercle oblique à l'Equateur, que
le soleil parcourt, est appellé Zodiaque, parce que la plupart des constellations qui y sont ont des noms
d'animaux, & qu'on les représente effectivement avec des figures d'animaux.
Le mot de Zodion en Grec signifie un
animal.

Nous avons déja dit que ces signes
ou ces constellations sont le Bélier, le
Taureau, les Jumeaux, l'Ecrevisse ou
le Cancer, le Lion & la Vierge, la
Balance, le Scorpion, le Sagittaire,
le Capricorne, le Verseau & les Pois-
sons.   N iij

Voici comme on les repréſente avec
leurs figures hieroglyphiques.

Le Bélier ♈, le Taureau ♉, les
Jumeaux ♊, l'Ecreviſſe ♋, le Lion ♌
& la Vierge ♍.

La Balance ♎, le Scorpion ♏, le
Sagittaire ♐, le Capricorne ♑, le
Verſeau ♒, & les Poiſſons ♓.

Voilà ce qu'on appelle les douze
ſignes du Zodiaque, ils ont chacun 30.
degrés, ce qui fait en tout le nombre
de 360.

Le ſoleil répond toujours à quelqu'un de ces ſignes, & fait preſque
chaque jour un degré d'occident en
orient. Je dis preſque un degré, car
s'il en faiſoit tous les jours un entier,
il ne ſeroit que 360. jours à parcourir
ſon cercle, & à faire l'année, au lieu
qu'il emploie à cela 365. jours & près
de 6. heures : ainſi il ne fait tous les
jours qu'environ 56. minutes & 10. ſe-
condes.

Pendant qu'il fait ces 56. minutes de
ſon mouvement propre d'occident en
orient, le premier mobile lui fait faire
un tour tout entier d'orient en occident : ainſi s'il commence aujourd'hui

À entrer dans le premier degré du Bélier, dans un peu plus de 30. jours il
aura achevé de parcourir ce signe, &
sera prêt d'entrer dans le signe du Taureau ; en un mot, le premier mobile
lui fera faire 365. tours, & le fera lever & coucher 365. fois pendant qu'il
fournira sa carriére. Le Soleil décrit
donc chaque jour un cercle du sens de
l'Equateur, quoiqu'à parler à la rigueur
ce ne soit pas des cercles, mais des
lignes spirales, & l'on appelle ces cercles ou ces spires les Paralleles du Soleil.

La Lune fait aussi des spires de même que le Soleil, mais elles doivent
être bien plus lâches & moins serrées
que celles du Soleil, puisque faisant son
tour en moins de 30. jours, elle ne doit
faire que 15. spires en allant d'un tropique à un autre, au lieu que le Soleil
employant six mois à parcourir cet espace du ciel, doit faire plus de 180. de
ces lignes spirales.

Le Soleil en s'approchant de nous,
& venant du côté du septentrion, ne
s'avance que jusqu'à un certain endroit,
& de même quand il s'éloigne de nous,

& qu'il s'avance du côté du midi ; ſi
bien que quand il eſt arrivé à ces bornes, il s'en retourne ou du côté du midi,
ou du côté du ſeptentrion. Quand il
ent e dans le ſigne de l'Ecreviſſe, il eſt
le plus près de notre tête qu'il puiſſe
ê re, & commence à s'en retourner ;
& quand il entre au ſigne du Capricorne, il eſt dans l'endroit le plus éloigné de nous, & commence à revenir ;
mais quand il entre dans le ſigne du
Bélier, ou dans celui de la Balance, il
eſt à notre égard au milieu de ſa courſe,
ſoit pour venir à nous, ſoit pour s'en
éloigner.

On a tiré des cercles dans ces endroits que je viens de nommer : ceux
qui ſont au commencement de l'Ecreviſſe & du Capricorne, ſont appellés
Tropiques, d'un mot Grec qui ſignifie
retour ; & celui qui paſſe par le commencement du Bélier & de la Balance
eſt nommé Equateur : il eſt également
éloigné des deux Poles du monde, &
partage tout le ciel en deux parties
égales, l'une ſeptentrionale & l'autre
méridionale.

Ce ſont ces quatre points du Zo-

diaque qui font le commencement des
faifons : le Soleil entre le 22. de Dé-
cembre dans le figne du Capricorne,
& voilà le commencement de notre
Hyver ; le 21. de Mars dans le figne du
Bélier , & c'eft le commencement du
Printems ; le 21. de Juin dans le figne
de l'Ecreviffe , c'eft-là où commence
notre Eté , & le 22. de Septembre dans
le figne de la Balance , & c'eft-là où
commence notre Automne.

On a remarqué que quand le Soleil
étoit au premier degré du Bélier , & au
premier degré de la Balance , qui font
des points oppofés, les jours étoient
égaux aux nuits, c'eft-à-dire que le
Soleil étoit levé autant de tems qu'il
étoit couché, c'eft ce qui a fait que l'on
a appellé ce tems-là l'Equinoxe , & le
cercle qui paffe par ces points l'Equateur, ou la ligne Equinoxiale ; que
quand il étoit arrivé au tropique du
Cancer ou de l'Ecreviffe , il faifoit le
plus long jour de l'année , & au tropique du Capricorne le plus court ; quelque tems auparavant & quelque tems
après cela il paroiffoit être toujours
dans une même fituation , les jours

n'augmentant ni ne diminuant fenſi-
blement pendant un mois ou ſix ſemaines , & c'eſt-là ce qui a fait donner à
ce jour le nom de Solſtice.

Ces quatre points qui ſont marqués
dans le Zodiaque, ſont appellés Cardinaux, & l'on y a fait paſſer deux grands
cercles, qui ſe coupent aux Poles du
monde à angles droits , & diviſent l'E-
quateur, les Tropiques, &c. en quatre
parties égales : on les appelle Colures,
du mot Grec colouros, qui ſignifie
tronqué , parce qu'ils ne paroiſſent jamais entierement ſur notre Horizon,
comme on verra plus loin dans le titre
des différentes poſitions de la Sphere.

L'un eſt appellé le Colure des Equinoxes , parce qu'il paſſe par les points
équinoxiaux , qui ſont les commencemens du Bélier & de la Balance ; &
l'autre le Colure des Solſtices , parce
qu'il paſſe par les points ſolſtitiaux , qui
ſont les commencemens de l'Ecreviſſe
& du Capricorne.

Lorſque le Soleil eſt éloigné de l'E-
quateur, on dit qu'il décline , & cette
déclinaiſon ſe compte par degrés & par
minutes : ſa plus grande déclinaiſon eſt

de 23. degrés & demi, & c'est-là où l'on a mis les tropiques ; & par conséquent l'axe du Zodiaque doit décliner d'autant de l'axe du monde, & les Poles du Zodiaque des Poles du monde. On a fait passer dans cet endroit des cercles que l'on appelle Polaires, que nous imaginons être décrits autour des Poles du monde par les Poles du Zodiaque, & qui sont paralleles à l'Equateur & aux Tropiques.

C'est dans le colure des Solstices que l'on désigne les Poles du Zodiaque, sçavoir aux deux points opposés, dans lesquels il coupe les cercles polaires, & qui sont également distans du Zodiaque.

On a donné de la largeur au Zodiaque, parce que les planettes, qui se meuvent toutes dans ce cercle, tiennent des routes différentes : le Soleil, par exemple, se mouvant droit par le milieu, sçavoir par l'écliptique, & toutes les autres suivant les routes obliques à l'égard de cette ligne qu'elle coupe en deux points opposés, & s'écartant tantôt vers le septentrion, tantôt vers le midi, les unes plus, les au-

tres moins, jusqu'à 6. 7. 8. degrés plus
ou moins de part & d'autre, si bien
que les tropiques marquent bien la plus
grande déclinaison du Soleil ; mais si
l'on vouloit marquer celle de la Lune,
de Venus, & des autres, il faudroit
mettre dans la Sphere plusieurs autres
tropiques.

Cette ligne, qui marque la route du
Soleil, est appellée Ecliptique, à cause
que les Eclipses du Soleil ou de la Lune
n'arrivent jamais que quand la Lune se
trouve aussi dans cette ligne en la traversant, & qu'elle est en conjonction
ou en opposition avec le Soleil, comme
on l'expliquera plus loin.

SI LE SOLEIL EST TOUJOURS ÉGALEMENT ÉLOIGNÉ DE LA TERRE.

CE que nous avons dit jusqu'ici
touchant le mouvement du Soleil,
n'est pas encore tout ce qu'on en a remarqué, car on s'est aussi apperçu qu'il
paroissoit tantôt plus grand & tantôt
plus petit, & l'on en a conjecturé qu'il
étoit tantôt plus élevé dans le ciel,

c'est-à-dire plus éloigné de la terre, &
tantôt plus abaissé, & par conséquent
plus proche de la même terre, & c'est
ce qu'on appelle l'Apogée & le Perigée
du Soleil : apogée, son plus grand éloignement ; perigée, sa plus grande proximité ; & ce que je dis du Soleil, se
doit dire aussi de toutes les autres planettes qui nous paroissent tantôt plus
grandes & tantôt plus petites, à cause
de leur différent éloignement.

Les plus anciens Astronomes, comme Eudoxe, Calippe, Aristote & autres, ne s'étoient pas apperçus de cela ;
& il leur étoit aisé d'expliquer tout ce
qui leur paroissoit du mouvement des
planettes par ces orbes ou par ces
cieux, que nous avons dit être inférieurs au Firmament : ils les faisoient
solides, concentriques & contigus les
uns aux autres, afin qu'ils puissent recevoir l'impression du premier mobile, chacun de ces orbes ayant cependant son mouvement propre & particulier, comme nous avons dit ailleurs ;
mais comment expliquer dans cette
opinion, pourquoi les planettes paroissent tantôt plus grandes & tantôt plus

petites, puifque fi leur mouvement eft concentrique, elles ne peuvent être tantôt plus & tantôt moins éloignées de la terre ; cependant Hipparque, & ceux qui font venus après lui, fe font convaincus que la chofe étoit ainfi.

Pour expliquer ce Phénoméne Hipparque a imaginé des Orbes excentriques, & Ptolomée a expliqua fur cette hypothéfe la théorie des Planettes ; mais il a cru que l'on pourroit auffi bien expliquer cela par des concentriques, en y ajoutant des épicycles, parce que ces deux manieres font également voir le corps de la Planette, tantôt plus éloigné, tantôt plus près, & tantôt mediocrement diftant, comme on peut le voir par des figures.

Cela ne plaifoit pas à tout le monde, car on ne pouvoit pas faire tourner ces excentriques & ces épicycles, fans que les cieux folides fe brifaffent les uns contre les autres, ou qu'on n'admît la penétration que l'on dit repugner à la nature ; & d'ailleurs fi ces Spheres n'ont pas le même centre que le premier mobile, il fera difficile qu'elles tournent uniment fur le mouve-

ment de ce premier mobile. Mais il
fuffifoit aux Aftronomes d'imaginer ou
de fuppofer des cercles & des routes
pour expliquer le mouvement des Planettes, fans fe mettre en peine comment cela pouvoit fe faire.

On a été longtems à chercher des
moyens pour accommoder toutes ces
chofes, jufqu'au tems que George de
Peurbach, dont j'ai parlé au commencement de ce Traité, l'expliqua de cette
maniere. Il donna un ciel à chaque
Planette, comme nous avons fait, &
fuppofa, ainfi que nous avons fait,
que les deux fuperficies de ce ciel, c'eft-
à-dire, la concave & la convexe étoient
concentriques ; mais il fuppofa que ces
lieux étoient fi épais que l'on pouvoit
creufer dans leur épaiffeur des excentriques & des épicycles, fur lefquels les
Planettes faifant leurs tours, feroient
tantôt plus près de la terre, & tantôt
plus éloignées : & cette opinion fut reçue avec tant d'applaudiffement, foit
par les Phyficiens, foit par les Aftronomes dans un Siécle qui étoit encore
barbare, que l'on commença dès lors
à lire & à enfeigner publiquement fon

Ouvrage intitulé *de la Théorie*, & à y
faire des Commentaires. Il faut voir
cette Théorie dans la figure.

DES DIFFERENTES POSITIONS DE LA SPHERE.

NOus avons déja dit que de la differente section de l'Horizon & de
l'Equateur naissent ce que nous appellons les differentes Positions de la Sphere, car si l'Horizon est coupé à angles
droits par l'Equateur, on appelle cette
position la Sphere droite, & ceux qui
sont ainsi situés ont l'Equateur sur leur
tête, les Poles du monde sur l'Horizon, & sont dits avoir la Sphere droite
ou l'Horizon droit.

Ceux qui sont entre l'Equateur &
le Pole ont leur Horizon coupé obliquement par l'Equateur, & l'un des
Poles du monde élevé, & l'autre abaissé
sous l'Horizon, & sont dits avoir la
Sphere ou l'Horizon oblique.

Ceux qui ont le Pole pour Zenith,
c'est-à-dire, directement sur la tête,
ont l'Equateur paralléle à l'Horizon,
& l'on dit qu'ils ont la Sphere ou l'Horizon paralléle.   Dans

Dans la Sphere artificielle on ne sçauroit demontrer ces differentes positions qu'en élevant ou abaissant les Poles du monde, avec lesquels on hausse aussi & l'on abaisse l'Equateur, les Tropiques & les Cercles Polaires, qui sont des points & des cercles immobiles, au lieu que l'Horizon, qui dans la Sphere naturelle est un cercle mobile, demeure ici ferme & sans mouvement, ce qui est un inconvenient de la Sphere artificielle.

Cela vient de ce que pour la construction de cette Sphere artificielle on a été obligé d'attacher & de fixer l'Horizon ; qu'ainsi ne pouvant plus l'élever ni l'abaisser, on est obligé pour montrer ces changemens, d'élever ou d'abaisser le Pole, ce qui fait néanmoins le même effet.

Et il est aisé de concevoir que cela fait le même effet; car imaginons-nous être sous l'Equateur & que nous avons par conséquent ces Poles dans l'horizon & sans aucune élévation, si nous avançons d'un dégré vers l'un ou l'autre Pole, à la vérité nous ne ferons pas changer de lieu ce Pole qui est im-

mobile, mais notre Horizon s'abaisſerā
d'un dégré, & c'eſt la même choſe
d'avoir l'Horizon abaiſſé d'un dégré
ſous le Pole, ou d'avoir le Pole élevé
d'un dégré ſur l'Horizon.

DE L'EGALITE' ET DE L'INE'GALITE' DES JOURS.

LES différentes poſitions de la
Sphere, dont nous venons de parler, font voir aſſez clairement d'où
viennent l'égalité & l'inégalité des
jours : le Soleil nous paroît chaque
jour décrire un cercle paralléle à l'é-
quateur, parce qu'ayant ſon mouvement propre dans l'Ecliptique, qui eſt
un cercle oblique à l'équateur, le premier mobile qui fait ſon tour ſur les
Poles du monde, l'attrape tous les jours
dans des petits points différens de cette même écliptique en l'entraînant &
lui faiſant faire des cercles ſemblables
à ceux qu'il fait lui même, quoiqu'à
parler à la rigueur, ces cercles ne
ſoient pas paralleles & que ce ſoient
plûtôt des lignes ſpirales : cependant
on ne laiſſe pas dans l'uſage de les ap-

peller les Paralléles du Soleil, & c'eſt
la quantité de chacun de ces paralléles
qui ſe trouve ſur l'horizon qui fait la
longueur ou la briéveté de chaque
jour.

Dans la Sphere droite, tous les jours
de l'année ſont égaux, par ce que les
paralléles du Soleil ſont tous également
coupés par l'horizon.

Dans la Sphere paralléle, comme on
l'a ſous les Poles, les tours du Soleil
ſont paralléles à l'horizon, parce qu'ils
le ſont à l'équateur, & que l'équateur
ſert ici d'horizon, & l'on n'a qu'un
jour & qu'une nuit par an, parce que
les paralléles que le Soleil décrit pendant ſix mois, étant tous entiers au-
deçà ou au-delà de l'équateur, ſont
par conſéquent tous ou au-deſſus ou
au-deſſous de l'horizon; ceux qui ſont
au-deſſus, ſi le Soleil y eſt, font un
jour continuel de ſix mois, & ceux qui
ſont au-deſſous font une nuit continuelle qui eſt pareillement de ſix mois.

Dans la Sphere oblique, comme
l'ont tous ceux qui ſont entre l'équateur & les poles, on a de grands jours
en Eté & de courts en Hyver, parce

que les paralléles qui font au-deçà de
l'équateur, font un arc plus grand fur
l'horizon que deſſous, & ceux qui
font au delà en font un plus petit deſſous que deſſus.

De tous ces paralléles, il n'y a que
l'équateur qui foit également coupé
par l'horizon & par conféquent ceux
qui font dans cette fituation n'ont les
jours égaux que lorſque le Soleil décrit ce paralléle, ce qui arrive deux
fois l'an, le 21me. de Mars lorſqu'il
s'approche d'eux & commence leur
Printems ; & le 22me. de Septembre
lorſqu'il s'éloigne & commence leur
Automne.

DE L'AURORE ET DU CREPUSCULE

QUand on dit que c'étoit la quantité des paralléles du Soleil qui
étoit fur l'horizon, qui faiſoit la quantité du jour, ce jour ſe doit entendre
de la préſence du Soleil ; mais avant
que le Soleil s'éleve, & depuis qu'il
eſt couché, il paroît du jour ou de la
lumiere, & c'eſt cette lumiere que l'on
appelle crépuſcule, c'eſt-à-dire, une

lumiere douteuſe, ou comme nous di-
ſons entre chien & loup. Le crépuſcule du matin que l'on appelle communément l'aurore commence par une petite
lueur du côté de l'orient, pendant que
l'occident eſt encore tout à fait ſombre;
& le crépuſcule du ſoir, finit par une
ſemblable lueur du côté de l'occident,
lorſque le côté de l'orient eſt déja des
épaiſſes ténébres. Le commencement
de l'aurore fait ce que dans l'uſage ordinaire on appelle Point du jour, & la
fin du crépuſcule du ſoir fait ce qu'on
appelle Nuit cloſe.

L'aurore commence le matin, & le
crépuſcule finit le ſoir, lorſque le
Soleil eſt environ 18 degrés au-deſſous de l'horizon, perpendiculairement
ou à plomb. On a choiſi l'hypotheſe de
18 degrés, comme la plus approchan-
te de la vérité, parce que les cauſes
qui forment le crépuſcule, varient en
tant de manieres qu'il n'eſt pas poſſible
de donner rien de précis. L'aurore va
toujours en augmentant juſqu'au Soleil levé, & la lumiere du Soleil va
toujours en diminuant juſqu'à la nuit
cloſe.

Le crépuscule dure plus ou moins, selon les différentes positions de la Sphere. Dans la Sphere droite le crépuscule est très-court, mais plus elle est oblique plus il est long, parce que dans la droite, le Soleil monte & descend perpendiculairement, & qu'il a plutôt attrapé l'horizon en montant & le 8me degré en descendant, au lieu que dans la Sphere oblique montant aussi & descendant obliquement il est plus long-tems à parcourir ces 18. degrés.

A Paris le crépuscule du soir se continue avec l'aurore du matin, huit jours avant le solstice d'Eté & huit jours après, si bien que dans ces quinze jours il n'y a point de nuit close, parce que pendant tous ce tems-là le Soleil ne descend jamais dix-huit degrés perpendiculairement sous l'horizon.

Plus on s'approche du septentrion & plus le crépuscule est long. Dans la Sphere paralléle, il dure 52 jours, parce que le Soleil soit en montant soit en descendant est toujours pendant ces 52 jours au dessus du 18me degré.

DES DIFFERENS ASPECTS DES PLANETTES.

ON ne dit rien de ces choſes ni de pluſieurs autres dans les traités de la Sphere que l'on trouve joints à ceux de Géographie, mais je n'ai pas cru devoir les omettre, parce qu'on ſe ri-roit d'un homme qui ſe piqueroit de ſçavoir la Sphere, & qui n'entendroit pas ce qui eſt dans les almanachs les plus communs.

Les Aſpects des Planettes que l'on nomme autrement Configurations, ne ſont autre choſe que certains rap-ports ou habitudes mutuelles, ſelon leſquelles les Planettes ſe regardent les unes & les autres, en tant qu'elles ſe trouvent placées en différentes parties du Zodiaque : ainſi ſi deux planettes ſont placées dans le Zodiaque de telle maniere que l'une ſoit diſtante de l'au-tre de toute la moitié du cercle, on dit qu'elles ſont en oppoſition ; ſi d'un tiers ou d'un quart, ou d'une ſixiéme par-tie, on dit qu'elles ſont en Trin aſ-pect, en Quadrat ou en Sextil.

Ces différens Aspects se marquent
par des figures que l'on a trouvées
pour abréger le discours & qui se marquent de la sorte,

    ☍ Opposition ⎫
    △ Trin aspect ⎬
    □ Quadrat   ⎪
    ✶ Sextil   ⎭

Ceci s'entendra mieux par une figure
dans laquelle si une Planette est placée
au commencement de la Balance, elles
seront en opposition, c'est à-dire, dans
la distance de la moitié du Zodiaque
ou de six lignes ; si cette autre Planette
est au commencement du Lion ou du
Sagittaire, les deux seront en Trin aspect, c'est-à-dire, dans la distance de
la troisiéme partie du Zodiaque ou de
4 signes ; si au commencement du
Cancer ou du Capricorne, elles seront
en Quadrat, c'est-à-dire, en distance
de la 4.me partie du Zodiaque ou de
quatre signes ; si au commencement des
Jumeaux ou du Verseau, elles seront
en Sextil, c'est à-dire, dans la distance de la sixiéme partie du Zodiaque ou
de deux signes ; comme on peut voir

par

par les lignes qui sont tracées au milieu de la figure & les caracteres qui sont sur ces lignes.

Outre ces aspects, il y a encore celui de conjonction que l'on marque ainsi ☌ pour signifier qu'une planette n'est pas distante d'une autre, & qu'elles sont toutes les deux conjointes au même degré d'un même signe. Or quoique ce seul aspect de conjonction s'appelle proprement Syfigie, c'est-à-dire, accouplement, on ne laisse pas néanmoins de donner ce nom, non par abus, à tous les autres aspects, & même à celui d'opposition, si en n'admettant que ces cinq aspects, Venus & Mercure ne peuvent être rapportés au Soleil par aucun autre aspect que celui de conjonction, d'autant que Venus ne s'éloigne presque jamais du Soleil de plus d'un signe & demi, & que Mercure ne s'en éloigne jamais d'un signe entier.

On appelle une conjonction centrale, lorsque les Planettes sont dans une même latitude, ensorte que l'inférieure oppose son centre au centre de la supérieure & la couvre de son corps.

Tome II.   P

Il y a des conjonctions qui arrivent fréquemment, comme celles du Soleil & de la Lune qui arrivent tous les mois, d'autres arrivent plus rarement, & on les appelle grandes à cause de cela. Par exemple, la conjonction des quatre planettes inférieures ensemble, qui n'arrivent qu'en . . . . ans ; celle de Saturne & de Jupiter, qui n'arrive que de vingt ans en vingt ans, est plus communément appellée la grande ; mais celle des trois planettes supérieures, qui n'arrive que de cinq cens ans en cinq cens ans, est encore plus proprement appellée la grande, ou plutôt la très-grande. Au reste ces aspects sont célébres parmi les Astrologues, parce qu'ils leur attribuent beaucoup de force, tant pour causer les divers changemens de l'air, que pour modérer la fortune des hommes, & qu'ils prétendent entre autres choses, que l'Opposition & le Quadrat sont des aspects maléfiques, le Trin & le Sextil bienfaisans, & la Conjonction indifférente.

On trouve même dans Ptolomée les Vents & les changemens de l'air frequemment marqués, mais l'Academie

a déclaré qu'on ne trouveroit aucune prédiction dans la connoiſſance des
tems , parce qu'elle n'a jamais reconnu
de ſolidité dans les régles que les anciens & les modernes ont données pour
prévoir l'avenir par la configuration
des Aſtres.

DES PHASES DE LA LUNE.

LEs Phaſes ou les differentes manieres dont la Lune nous paroît,
viennent de ſes differens aſpects avec le
Soleil. Il eſt aiſé de remarquer que le
corps de la Lune ne paroît quelquefois qu'avec une petite bordure lumineuſe que nous appellons Croiſant ;
que le Croiſſant s'augmente de jour à
autre juſqu'à ce que tout le diſque de
la Lune ſoit lumineux ; qu'enſuite elle
commence à décroître , & que diminuant tous les jours d'un peu, enfin
elle diſparoit & revient à ſon premier
état, & qu'après cela elle recommence
le même train. Cette periode s'acheve
en vingt-neuf jours, & quelque choſe
de plus , & c'eſt ce qu'on appelle une
Lunaiſon ou un Mois.

Pour concevoir comment cela arrive, ce qui n'est pas difficile, il faut supposer, comme il est indubitable, 1°. que la Lune est un corps spherique & opaque, & que c'est du Soleil qu'elle emprunte cette lumiere argentine qu'on lui voit ; 2°. que le Soleil en éclaire toujours la moitié & même un peu davantage, parce qu'elle est plus petite que lui ; 3°. qu'elle change continuellement de situation par rapport au Soleil & à nous, & qu'elle se met quelquefois entre nous & le Soleil.

Par-là il est facile de concevoir qu'elle ne doit pas toujours montrer cette moitié qui est éclairée, mais qu'elle nous en doit faire voir tantôt plus, tantôt moins, & nous paroître par conséquent sous ces différentes formes ou figures que l'on appelle Phases.

Lorsqu'elle est entre le Soleil & nos yeux elle nous paroît entierement obscurcie, parce que la partie qui en est éclairée regarde entierement le Soleil ; mais lorsqu'elle est éloignée du Soleil à une certaine distance, on commence à voir cette petite bordure lumineuse dont nous avons parlé, qui s'augmen-

te de jour à autre à mesure qu'elle s'é-
loigne du Soleil, & que le côté de la
Lune qui nous regarde, regarde auffi
le Soleil, jufqu'à ce qu'étant éloignée
de la moitié du ciel elle le regarde à
plein & nous paroît entierement éclairée ; mais comme infenfiblement elle
fe rapproche de lui, elle reperd auffi
fa lumiere peu à peu jufqu'à ce qu'elle
revienne en conjonction avec lui, &
alors elle paroît n'en avoir plus du
tout.

On compte ordinairement quatre
Phafes, qui ont differens noms felon les quatre afpects que nous avons
rapportés ci-deffus ; car dans la conjonction il n'y a aucune Phafe, parce
que la partie qui eft éclairée n'eft pas
tournée vers nous, mais vers le Soleil.

La premiere Phafe eft, lorfque la Lune fortant nouvellement de la conjonction, fe tire des rayons du Soleil & tourne vers nous cette petite portion éclairée, fur quoi il faut remarquer que
cette partie éclairée ne nous paroît
pas d'abord au fortir de la conjonction,
mais feulement un jour ou deux après;
mais c'eft principalement vers l'afpect

Sextil qu'on l'appelle Croiſſant. La deuxiéme Phaſe arrive environ le ſep-tiéme ou le huitiéme jour, lorſque la Lune eſt éloignée du Soleil d'un quart du ciel & qu'elle nous tourne la moitié entiere de la partie éclairée. La troiſié-me eſt lorſque la Lune avançant à l'op-poſition, & étant parvenue vers le Trin aſpect, nous montre plus de la moitié de la partie éclairée, & qu'elle nous paroît boſſue de part & d'autre; & la quatriéme eſt lorſque la Lune étant parvenue à l'oppoſition, nous tourne toute la partie éclairée, & qu'el-le eſt appellée Pleine.

Il n'eſt pas néceſſaire d'avertir que la Lune a les mêmes Phaſes en décroiſ-ſant qu'elle a eu en croiſſant, & que la partie de la Lune où eſt l'ombre eſt toujours tournée au contraire du So-leil, c'eſt ce qui fait que les cornes qui dans le déclin de la Lune regardent le Couchant, dans le Croiſſant regardent le Levant.

Le jour de la conjonction eſt ſpe-cialement appellé Nouvelle Lune, mais on appelle communement de ce nom tout le tems qui s'écoule depuis là juſqu'au Trin aspect, depuis là jusqu'à la pleine Lune on appelle le premier quartier Pleine Lune jusqu'au dernier quartier, & dernier quartier jusqu'à nouvelle conjonction.

Dans le Croissant & dans le déclin de la Lune il paroît une petite lumiere dans le reste de son disque, que quelques-uns croient lui être naturelle, & par conséquent que la Lune n'est pas un corps absolument opaque ; mais si cela étoit, cette lumiere paroîtroit toujours au lieu qu'elle s'évanouit vers la quadrature, ce qui fait voir qu'elle doit être attribuée à la terre, qui réfléchissant vers le Soleil & vers la region qui l'environne, la lumiere qu'elle reçoit de lui, la Lune qui se trouve alors dans cette region participe aux rayons qui y sont répandus, au lieu que dans la Quadrature elle est trop écartée & hors de cette region où se répandent les rayons qui sont refléchis par la terre.

Il est certain que Venus & Mercure ont les mêmes Phases que la Lune, & il n'y a plus que ceux qui n'ont pas eu la curiosité de regarder ces deux

P iiij

planettes avec des lunettes de longue
vue qui en puissent douter, ce qui fait
voir que ce sont des corps opaques,
aussi-bien que la Lune. Il y a néanmoins cette difference entre Venus &
Mercure, que ces Phases paroissent
souvent & nettement dans Venus, au
lieu qu'il faut avoir une très-excellen-
lente lunette pour les découvrir dans
Mercure, outre que Mercure étant
fort proche du Soleil, & ne pouvant
paroître en croissant que lorsqu'il commence à s'en éloigner, il est presque
toujours caché & plongé dans les
rayons du Soleil.

DU MOUVEMENT PROPRE DES ETOILES FIXES, ET DE LA NECESSITE' DE METTRE UN AUTRE PREMIER MOBILE QUE LE FIRMAMENT.

LEs Chaldéens, les Egyptiens, les
Grecs, & généralement tous les
anciens Astronomes jusqu'au tems d'A-
ristote, ont cru que le Firmament n'a-
voit point d'autre mouvement que celui d'orient en occident.

Ils croyoient encore, par une conséquence nécessaire, que les étoiles se levoient & se couchoient dans les mêmes points de l'Horizon, parce que le changement qui arrivoit dans elles à cet égard étant extrêmement insensible, & ne pouvant être remarqué qu'après longues années, chacun d'eux ne vivoit pas assez long-tems pour l'observer; & c'est pour cela que ne connoissant que trois mouvemens dans les étoiles, ils n'admettoient que huit cieux, un pour chaque planette, & un pour toutes les étoiles fixes, qui entraînoit tous les autres, & leur faisoit faire un mouvement contraire à leur mouvement naturel, ce qui le faisoit considérer comme la principale roue d'une machine, & lui avoit fait donner le nom de premier mobile.

Peu de tems après Aristote, un Astronome nommé Timocharis, qui demeuroit à Alexandrie, soupçonna que les étoiles fixes avoient un mouvement propre d'occident en orient, aussi-bien que les planettes; mais comme il n'avoit aucunes observations des Astronomes antérieurs, avec lesquelles il put comparer les siennes, il ne laissa rien de certain fur ce mouvement à caufe de fa trop grande lenteur, mais feulement des doutes & des foupçons.

Hipparque qui vint environ cent cinquante ans après Timocharis, s'affura de la vérité de la chofe, & voici comment.

Dans la defcription du ciel qu'Eudoxe avoit faite, il n'avoit pas feulement marqué la pofition des étoiles par le rapport qu'elles avoient les unes aux autres, mais auffi par l'éloignement où elles étoient de l'interfection de l'Ecliptique & de l'Equateur, qui font les points équinoxiaux; & felon la fupputation de M. Caffini, la premiere étoile d'Aries devoit être dans cet endroit du tems de ce même Eudoxe, & les autres de fuite, chacune dans fa place, par rapport à celle-là. Hipparque obferva donc que cette premiere étoile d'Aries n'étoit plus là, mais qu'elle étoit plus à l'orient; que l'Epi de la Vierge, que Timocharis avoit obfervé au 23ᵉ. degré de la Vierge, huit degrés avant le point de l'équinoxe d'Automne, étoit de fon tems au 25ᵉ. degré de la même Vierge, feulement fix degrés avant le même point, ce qui lui fit connoître que cette étoile s'étoit avancée de deux degrés. D'autres firent encore la même remarque, & il se trouva que du tems de Ptolomée, environ cent trente ans après Notre-Seigneur, l'Epi de la Vierge s'étoit encore approché du commencement de l'Equinoxe : cela fit connoître à cet Auteur que les étoiles fixes devoient avoir un mouvement d'occident en orient sur les Poles de l'Ecliptique, & il crut qu'elles s'avançoient d'un degré en cent ans ; c'est-à-dire, par exemple, que la premiere étoile d'Aries, qui, au tems d'Eudoxe, étoit placée à l'intersection de l'Equateur & de l'Ecliptique, comme nous avons dit, devoit être au bout de cent ans avancée d'un degré vers l'orient, & avoir laissé derriere elle en occident, ce point de l'intersection, & par conséquent que le Soleil arrivoit à l'intersection, & faisoit l'équinoxe avant que d'arriver à l'étoile où s'étoit fait l'équinoxe cent ans auparavant ; c'est-là ce qu'on appelle l'anticipation ou la précession des Equinoxes, & Hipparque en avoit fait un Ouvrage.

Ptolomée adopta son hypothése ; mais on a trouvé dans la suite que ces Auteurs faisoient le mouvement des étoiles fixes trop lent ; & M. Cassini prenant un milieu entre toutes les observations & tous les calculs qu'il en a pu comparer, le détermine à un degré en soixante & dix ans, & la révolution entiére en vingt-cinq mille deux cens ans, au lieu que, dans l'opinion d'Eudoxe & de Ptolomée, la révolution ne devoit se faire qu'en trente-six mille cinq cens ans.

Comme donc on fut alors persuadé qu'outre le mouvement journalier qu'avoit le Firmament d'orient en occident, il en avoit encore un autre, quoique fort lent, d'occident en orient, & qu'un même corps ne sçauroit avoir deux mouvemens opposés, il a fallu mettre au-dessus de lui un autre premier mobile, qui n'eût uniquement que son mouvement d'orient en occident, comme on supposoit auparavant que le Firmament l'avoit.

Il ne faudroit pas s'imaginer que les anciens ont mal fait leurs observations, & que manquant d'instrumens propres à cela, ils n'avoient pas bien connu le lieu des étoiles, car les inſtrumens, dont ils ont expliqué la conſtruction, ſont fort approuvés ; & d'ailleurs les étoiles ont tellement avancé en orient depuis Ptolomée, qu'aujourd'hui le premier degré du Bélier eſt éloigné preſque d'un ſigne entier du point équinoxial, comme on peut voir ſur le globe céleſte.

Mais comment concevoir cela, puiſque l'on dit communément, que c'eſt le premier degré du Bélier qui fait le commencement du Printems, ce qui fait croire qu'en quelque endroit que ſoit le ſigne du Bélier, le Soleil, en y entrant, commence le Printems & fait l'équinoxe?

Je répons à cela, qu'il faut imaginer deux Zodiaques dans les cieux, un dans le premier mobile ou dans le neuviéme ciel, & l'autre dans le Firmament ou dans le huitiéme ciel ; qu'ils ſe répondent tous les deux ; que c'eſt véritablement dans le Firmament que ſont les Conſtellations, & les étoiles qui les compoſent, mais qu'il faut ſe les figurer auſſi dans le Zodiaque du premier

mobile, avec cette différence, que les
Conſtellations du Firmament vont en
avançant du côté de l'orient, & s'approchent ou s'éloignent des points
équinoxiaux & ſolſtitiaux, au lieu que
les ſignes du premier mobile ſont con-
ſidérés comme fixes & permanens, le
premier degré du Bélier & le premier
degré de la Balance étant toujours au
colure des Equinoxes, & le premier
degré de l'Ecreviſſe, auſſi-bien que le
premier du Capricorne, étant toujours
au colure des Solſtices.

Par-là il eſt clair qu'un globe céleſte,
où les Conſtellations ont été placées
comme elles étoient au ciel dans ſa
conſtruction, ne repréſente plus dans
la ſuite leurs poſitions véritables, à
moins qu'on ne les imagine changées,
ainſi qu'elles le doivent être, ſelon le
tems qui s'eſt écoulé depuis la conſtruction du globe, & que plus il y a de
tems qu'un globe eſt conſtruit, plus les
étoiles ſe trouvent éloignées de leur véritable poſition.

DES DEUX CRYSTALLINS.

Outre les observations dont nous avons parlé, les Astronomes en ont encore fait d'autres, pour l'explication desquelles ils ont été obligés de changer ou d'ajouter quelque chose au système des cieux qu'ils s'étoient formé d'abord.

Ils ont dit avoir remarqué que le mouvement des étoiles fixes n'étoit pas uniforme ; que l'écliptique changeoit de situation, & par conséquent que la déclinaison du Soleil étoit tantôt plus grande, tantôt plus petite ; qu'un peu avant Ptolomée elle étoit de 23. degrés & 52. minutes, mais qu'elle a bien décru depuis ce tems-là.

Ce mouvement a été appellé Mouvement d'approche & d'éloignement, *accessûs & recessûs*, ou mouvement de trepidation, & a fait imaginer à Alphonse X. Roi de Castille, grand Astronome, qui vivoit l'an 1250. deux nouveaux cieux, qu'il avoit mis au-dessus du Firmament pour imprimer aux cieux inferieurs, l'un le mouve-

ment d'approche, & l'autre celui d'éloignement.

Il fit ces deux cieux de cryſtal, car
les cieux de cryſtal ne coutoient rien en
ce tems-là, ſelon l'ingénieuſe & véritable remarque de M. de Fontenelles.

M. Gaſſendi dit qu'il eſt bien difficile de faire voir que cela eſt de la ſorte, ſans jetter le monde dans un grand
embarras, & que d'ailleurs la choſe
n'eſt pas bien ſure; & l'on voit par
M. Caſſini, que c'eſt encore aujour-
d'hui une grande queſtion, de ſçavoir
ſi l'obliquité de l'écliptique eſt ſujette à
quelque changement; ainſi la connoiſſance de ces cieux n'eſt pas néceſſaire
pour ce Traité, qui eſt borné à ce qu'il
y a de plus facile dans l'Aſtronomie.

DE LA REFRACTION.

ON a remarqué que quand les
rayons de la lumiére, ou les ima-
ges qui viennent à nos yeux, paſſent
d'un milieu plus rare dans un plus
denſe, ou d'un plus denſe dans un plus
rare, ils ne nous viennent pas par une
ligne droite, mais qu'ils ſe rompent

en

en chemin, & c'est-là ce qu'on appelle Refraction

La chose est plus sûre par l'expérience : un bâton droit nous paroît rompu quand il est plongé dans l'eau : que l'on mette une piéce d'argent au fond d'un vaisseau, elle deviendra visible si-tôt que l'on aura versé de l'eau dans ce vaisseau, encore que l'on ne remue ni la piéce ni les yeux, & cela arrive de la sorte, à cause que le rayon direct, qui se terminoit premiérement au front, est rompu de telle maniére en passant de l'eau dans l'air, qu'alors il tombe sur l'œil, & lui rend la piéce d'argent visible.

On prétend, & il est certain, que la même chose arrive aux rayons du Soleil, & des autres luminaires, quand ils viennent à nos yeux : pour cela il faut se souvenir de ce que l'on a dit ci-devant, que l'air étoit divisé en trois régions : la premiere ou la plus basse, la seconde ou la moyenne, & la troisiéme ou la plus haute ; que l'air que nous respirons dans la plus basse région est plein d'exhalaisons & de vapeurs, c'est-à-dire de ces petits corps qui sortent de la terre & de l'eau , & d'une infinité d'autres petits corps qui sortent des animaux par transpiration , ou qui se détachent de tous les corps mixtes par le choc même des uns contre les autres ; que ces exhalaisons & ces vapeurs ne s'élévent que jusqu'à une certaine distance de la terre , & s'arrêtent dans la deuxiéme région , & c'est-là que de ces matiéres se forment la pluie , la neige , la grêle , les tonnerres , & autres météores ; que ce sont ces deux régions que l'on appelle l'Atmosphere , c'est-à-dire la région des vapeurs , & que cette Atmosphere environne le globe terrestre à peu près comme une espéce de coton qui couvre & environne un coin.

Pour l'air de la troisiéme région , c'est une matiére pure & subtile, exemte de tout changement , & qui ne seroit pas propre , dit-on , à la respiration ; mais il est très-probable que l'air le plus pur est encore grossier par rapport à la matiére céleste que nous appellons l'Ether, ou la Substance Etherée.

Quand donc les rayons du Soleil, & des autres Astres, qui viennent de la

région Etherée , très-rare & très pure ,
tombent fur l'Atmofphere , ils fe rompent , & venant ainfi à nos yeux , ils
nous font paroître l'Aftre ou le Soleil
dans un endroit où il n'eft pas.

C'eft par cette raifon qu'il arrive
quelquefois que, quand la Lune eft
éclipfée , à caufe que la terre fe trouve
entre elle & le Soleil , tous les deux
Aftres ne laiffent pas de paroître fur
l'Horizon , & que l'un & l'autre effectivement deffous , les rayons les font
paroître deffus par les refractions.

C'eft encore pour cela que l'an 1596.
les Hollandois ayant navigé jufqu'au
76e. degré d'élévation du pole vers les
terres défertes de la nouvelle Zemble ,
pour chercher paffage à la Chine , &
étant arrêtés par les glaces , après avoir
fouffert une nuit continuelle de deux
mois & demi , recouvrérent le Soleil
plufieurs jours avant qu'ils le duffent
voir , fuivant le calcul Aftronomique ,
car il leur avoit paru pour la derniere
fois le 3e. jour de Novémbre , & ils ne
le devoient plus voir jufqu'à ce qu'il re-
vint à la même déclinaifon auftrale ,
qui ne devoit arriver que le fixiéme

jour de Février de l'an 1597. & néanmoins il leur apparut le 24. de Janvier,
ce qui ne peut être attribué qu'à l'Atmofphere, qui éleva la figure du Soleil,
& la fit paroître fur l'Horizon dans un
tems où il n'y étoit pas, car il étoit encore réellement 4. degrés fous l'Horizon, lorfqu'il commença à fe montrer
par-deffus.

Pour la maniere de cette réfraction
on peut fe perfuader que l'air n'é-
tant pas également groffier par-
tout, mais l'étant comme par dégrés
à mefure qu'il s'approche de la terre,
la lumiere fouffre plufieurs réfractions.

M. Hughens dit qu'il doit y avoir plufieurs couches, pour parler de la forte, les
unes plus, les autres moins groffieres,
& que depuis la furface de la terre
jufqu'à l'extrémité de l'Atmofphere,
ces couches doivent être d'un air toujours de plus fubtil en plus fubtil, &
que par-là il femble qu'un rayon de
lumiere paffant d'un air fubtil dans
un air moins fubtil, & de cet air moins
fubtil dans un autre encore moins fubtil, & ainfi de fuite jufqu'à ce qu'il
foit parvenu à la furface de la terre, il

doit souffrir une infinité de très-petites réfractions insensibles, & décrire à la fin une ligne courbe.

La plus grande réfraction des rayons de la lumiere se fait à l'Horizon, & elle devient d'autant moindre que l'Astre est plus élevé. Cette réfraction horizontale fait paroître le Soleil plus haut qu'il n'est d'environ 34. minutes, & qu'il ne paroîtroit si toute l'Atmosphere étant ôtée il étoit vu par un rayon direct, & comme son diamétre n'est qu'un demi dégré ou de 30. minutes, il s'ensuit qu'il peut être tout entier, lorsqu'il est encore tout entier sous l'Horizon.

Mais cette réfraction est quelquefois bien plus grande. Le P. Mersenne rapporte que Metslin, excellent Astronome de Tubingen remarqua le 7e de Juillet de l'an 1590. que le Soleil se levoit lorsque la Lune éclipsée étoit presque élevée de deux dégrés à l'occident, & que lorsque son centre se couchoit le Soleil étoit élevé de deux dégrés, d'où il s'ensuit, comme Kepler le remarque, que la réfraction horizontale fut ce jour-là à Tubingen de plus de deux dégrés, ce qui est étrange, attendu que les plus grandes que Ticho-Brahé ait observé en Dannemarc, n'ont jamais surpassé 33. minutes.

Il dit encore qu'un Landgrave de Hesse, dans les Epitres du même Ticho-Brahé, a une fois observé Venus comme si elle eût été stationaire dans l'Horizon l'espace d'un quart d'heure, encore qu'elle fût plus de deux dégrés sous l'Horizon, & qu'elle disparût dans un instant, ce qui prouve, ajoute-t-il, une réfraction excessive & extraordinaire. Enfin on peut encore remarquer la réfraction observée dans la nouvelle Zemble dont nous avons parlé ci-dessus.

Comme les Anciens n'ont pas connu la réfraction, ou qu'ils n'y ont point eu d'égard, il s'ensuit qu'il faut corriger toutes les observations qu'ils ont faites sur la hauteur apparente des astres, & qu'il la faut diminuer; & il paroît qu'ils ne l'ont pas connue en ce qu'ils ont été surpris de voir la Lune éclipsée lorsque le Soleil étoit encore sur l'Horizon, & quelques autres choses semblables, qui font des effets de la réfraction.

Mais il paroît que les plus célébres Aſtronomes modernes ſe ſont encore trompés en ce qu'ayant remarqué que les réfractions deviennent plus petites à meſure que les hauteurs ſont plus grandes, ils ont prétendu que les réfractions des étoiles fixes deviennent imperceptibles à la hauteur de 30. dégrés, & celles du Soleil & de la Lune à la hauteur de 45. dégrés. Il y en a même qui ne diſent que de 35. ou de 38. M. Caſſini aſſure que l'Académie a trouvé par quantité d'obſervations très-exactes que les réfractions tant du Soleil que des étoiles fixes ſont encore fort ſenſibles à la hauteur de 45. dégrés, qu'elles ſont les mêmes pendant le jour & pendant la nuit, qu'elles ne ſont point différentes pour le Soleil & pour les Etoiles & qu'elles ne deviennent imperceptibles qu'au Zénith.

Il ajoute que pour trouver la grandeur des réfractions dans les grandes hauteurs où elles ſont moins ſenſibles, l'Académie s'eſt appliquée à chercher une hypotheſe par laquelle on pût déterminer la hauteur de l'Atmoſphere, ſa proportion au diametre de la terre,

& que sur cette hypothese elle a inventé des méthodes géométriques pour conclure de la grandeur des réfractions dans les moindres hauteurs où elles sont très-sensibles, quelle doit être la grandeur des réfractions dans les grandes hauteurs, & que cela a été confirmé par les observations & l'on en a mis une table dans la connoissance des tems.

Mais quoiqu'on puisse peut-être donner des regles pour trouver la proportion des réfractions, & de quelle quantité elle doit être dans une telle hauteur par rapport à une autre, je ne sçais si l'on en peut donner, pour trouver en général la grandeur de cette réfraction, elle paroit devoir être différente, selon les saisons & selon la densité ou la rareté de l'air qui se trouve sur les horizons. Kepler remarque qu'elles sont quelquefois prodigieuses ; mais qu'elles doivent être plus égales & plus uniformes sur la mer, à cause que l'Atmosphere retient presque toujours une même distance avec l'eau ; & le Pere Magnan, qu'elles sont par tout moindres en a utomne qu'en hyver &

autres

autres faisons de l'année, & qu'elles suivent la densité ou la rareté de l'air des differens lieux où l'on se rencontre; & Monsieur Hughens, que l'air n'est pas toujours dans un même état & qu'on a remarqué qu'un même objet vu dans des tems différens avec une lunette d'approche qu'on laisse immobile, ne se trouve pas toujours à la même hauteur, mais qu'il paroît plus ou moins haut, suivant les changemens arrivés à l'air, au travers duquel les rayons de lumiere prennent leur passage.

Ceux qui observent voient bien arriver de ces changemens. M. Hook Anglois, grand observateur, se plaignoit souvent de la mauvaise disposition de l'air; qu'il y trouvoit quelquefois certaines parties heterogenées, c'est-à-dire, d'une nature differente de celle de l'air, comme l'on voit differentes veines dans la terre; que ces veines étoient répandues de côté & d'autre & en haut & en bas, & qu'elles pouvoient causer une plus grande ou une plus petite réfraction que ne fait l'air avec lequel elles sont mêlées, que l'air étoit quelquefois extraordinairement épais, quelquefois pesant & plein de ces parties heterogenées, ce qui le rendoit plus rayonnant & plus confus, & quelquefois leger & sans ces parties.

Pour ce qui est de la hauteur de l'atmosphere, elle peut être différente en différens tems & en différens endroits, & je crois que la mesure n'en est pas encore bien connue, quelques-uns la faisant aller jusqu'à 20. lieues de hauteur & d'autres lui en donnant bien moins. Un Anglois qui a fait des observations sur le Pic de Teneriffe, dit, qu'il ne pleut jamais dans les endroits qui approchent de son sommet & qu'il n'y souffle aucun vent, ce qui fait voir que ce sommet est au-dessus de l'atmosphere, & l'on dit la même chose du mont Atlas, ou des monts clairs en Afrique, du mont Olympe dans la Grece, & encore de plusieurs autres.

On dit encore que c'est l'atmosphere qui est la cause du crépuscule, dont nous avons parlé ci-devant, & que s'il n'y en avoit point, nous ne verrions point de lumiere, ni avant le lever ni après le coucher du Soleil & que l'on

passeroit tout d'un coup des pures ténébres au plein jour, & du plein jour
aux ténébres épaisses ; mais que comme
les vapeurs sont plus élevées que la surface de la terre, elles reçoivent plutôt
au matin & perdent plus tard au soir la
lumiere du Soleil qui est sous l'horizon,
& que la réflechissant à nos yeux elles
nous paroissent lumineuses.

Enfin l'on dit de l'atmosphere qu'elle
grossit les objets, & que cela se voit
dans le Soleil & dans la Lune, qui paroissent plus gros à l'horizon, que
quand ils sont plus élevés, mais le
même Anglois que j'ai dit ci-devant
avoir observé sur le Pic de Teneriffe,
dit une chose singuliere, que de dessus
cette montagne le Soleil élevé au-dessus de l'horizon paroissoit beaucoup
plus petit que quand il étoit regardé
d'un endroit plus bas, & un Marseil-
lois habitué & marié à Teneriffe, a dit
qu'ayant été plusieurs fois sur le Pic,
le Soleil ne lui avoit toujours paru que
de la grosseur d'une étoile, mais d'une
lumiere bien plus vive & plus éclatante.

D E L A P A R A L L A X E.

APrès avoir parlé de la réfraction, il faut expliquer la parallaxe que M. Caſſini dit être une des matieres des plus embarraſſées de l'Aſtronomie, & ſur laquelle il eſt très difficile de rien dire de précis. Je ne prétens pas entrer dans ces difficultés , mais dire ſeulement ce que c'eſt , & l'uſage que l'on en fait.

On définit ordinairement la parallaxe, la différence qu'il y a entre le lieu véritable d'une étoile, & le lieu apparent, c'eſt-à-dire le lieu où on la voit : car les étoiles paroiſſent quelquefois dans des endroits où elles ne ſont pas.

Le lieu véritable d'une étoile eſt le point dans le Firmament où ſe termine la ligne droite que l'on s'imagine être tirée du centre de la terre & paſſer par le centre de l'étoile, & le lieu apparent eſt le point dans ce même Firmament auquel ſe termine la ligne droite qui ſe tire de l'œil de l'obſervateur & qui paſſe par le même centre de l'étoile.

On concevra aifément qu'il y a de la différence entre ces deux points du Firmament, fi l'on s'imagine deux petites boules fufpendues à une même voute, mais à différentes diftances de la voute, enforte que la plus baffe en foit éloignée de deux ou de trois pieds & la plus haute de deux ou trois pouces feulement : car fi plufieurs perfonnes regardent la plus baffe & qu'ils veulent marquer en droite ligne l'endroit de la voute où ils la verront, ils ne la marqueront pas tous de la même maniere, les uns voyant à gauche ce que les autres verront à droite, & le voyant plus ou moins éloigné de quelque point fixe & déterminé de la voute, qu'ils feront plus ou moins diftants l'un de l'autre & que la boule fera plus ou moins éloignée de la voute ; mais quand ils regarderont la plus élevée, ils la verront tous dans le même endroit de cette voute, ou au moins avec peu de différence : cela s'entendra encore mieux dans une figure.

Soit A. par exemple le centre de la terre, C. B. D. la furface de la terre, B. l'œil de l'obfervateur, E. F. G. le

Firmament, K. B. Y. l'horizon fensi-
ble, E. A. G. l'horizon rationel. Si l'on
fuppofe que l'étoile, foit dans l'horizon fenfible à H. le lieu véritable de
l'Etoile dans le Firmament, fera J. parce qu'il termine la ligne A. J. & le
lieu apparent fera K. parce qu'il
termine la ligne B. K. & l'arc J. K.
c'eft - la ce qu'on appelle la parallaxe, c'eft-à-dire, la difference qu'il y
a entre l'un & l'autre lieu. Que fi l'E-
toile jufqu'à L. la parallaxe fera m.N. fi
jufqu'à O. ce fera P.Q.& ainfi des autres lieux, fur quoi on peut remarquer

1°. que la parallaxe horizontale, eft
la plus grande de toutes & qu'elle décroît de telle maniere, à mefure que
l'Etoile monte, que fi elle eft une fois
parvenue au point vertical R. il n'y
aura point de parallaxe, parce que la
ligne du lieu véritable & celle du lieu
apparent feront la même, qui aboutira
au point F. du Firmament.

On peut remarquer en fecond lieu,
que plus une étoile eft proche de la terre plus elle a de parallaxe ; car une
étoile en S. par exemple, c'eft-à-dire,
dans la même ligne horizontale que

H. fait la parallaxe T. K. Si elle est en
V. c'est-à-dire, dans la même ligne
avec L. elle fait la parallaxe N. X. si
elle est en Y. c'est-à-dire, dans la même
ligne avec O. elle fait la parallaxe Q Z.

Il faut remarquer en 3°. lieu que
l'angle qui se forme dans le centre de
l'Etoile par les lignes du lieu véritable
& du lieu apparent, & auquel le demi-
diametre de la terre est opposé, tel
qu'est par exemple l'angle A. H. B. ou
A. L. B. est appellé l'angle de la parallaxe & qu'il en est la mesure, car selon
qu'il est ou plus grand, ou plus petit, ou
nul, l'arc que l'on appelle parallaxe
est aussi grand, ou petit, ou nul.

Il faut remarquer en 4ᵉ. lieu, que la
réfraction & la parallaxe ont cela de
commun entr'elles que toutes les deux
sont plus grandes à l'horizon & qu'elles diminuent à mesure que l'objet vient
à s'élever; mais que par rapport au
lieu où se trouve l'objet que l'on con-
sidere elles ont un effet tout contraire, la parallaxe faisant paroître l'astre
plus bas qu'il n'est en effet & la réfraction le faisant paroître plus haut.

R iiij

EN QUELLE DISTANCE SONT LES PLANETTES ET LES ETOILES FIXES DE LA TERRE, ET CONSEQUEMMENT QUEL EST L'ORDRE DES CIEUX.

A Ne consulter que les sens, on diroit que tous les corps lumineux, que nous voyons dans le ciel sont également éloignés de nous ; mais on a reconnu par la parallaxe & à quelques autres marques, qu'il s'en falloit bien que cela fût ainsi & qu'il y en avoit bien , au moins les planetes , qui étoient dans des distances très-différentes de la terre , & dans ces différens éloignemens plusieurs Astronomes ont assigné des lieux différens au Soleil, à la Lune & aux Etoiles. Anaximandre dans Gassendi (pag. mi 169) a placé le Soleil au plus haut lieu, la Lune à un étage plus bas, les planettes au-dessous de la Lune, & les Etoiles fixes au plus bas lieu, ce qui est bien contre l'ordre que l'on donne aujourd'hui à ces luminaires ; car on a reconnu par la parallaxe, & c'est une chose constante que la Lune est la plus proche de la terre, & après elle on a mis toujours en montant Mercure, Venus, & le Soleil ; Mars, Jupiter, & Saturne. Ainsi le Soleil se trouve placé au milieu de toutes les autres planettes, y en ayant trois au-dessous de lui, la Lune, Mercure, & Venus, & trois au-dessus, Mars, Jupiter & Saturne.

Pour retenir cet ordre il faut prendre tous les jours de la semaine que les Païens avoient consacré à l'une ou à l'autre de ces Planettes, commencer par le Lundi, qui est consacré à la Lune, puis sauter au Mercredi qui l'est à Mercure, au Vendredi qui l'est à Venus, au Dimanche, qui s'appelloit autrefois le jour du Soleil (nous observons le jour du Soleil ; *S. Justin dans son Apol.*) & qui n'a été appellé le jour du Dimanche que par les Chrétiens ; au Mardi pour Mars, au Jeudi pour Jupiter, & au Samedi pour Saturne ; car c'est des Juifs que nous avons pris le nom du Sabbat que nous donnons à ce jour-là.

La place de la Lune est certaine, parce que la Parallaxe est fort

senfible ; mais à l'égard des autres Planettes la chofe, dit Gaffendi, eft tellement fubtile, qu'elle ne fçauroit aller
que jufqu'à la vraifemblance, puifqu'à
peine on la remarque dans Mercure,
dans Venus, dans le Soleil & dans
Mars, & encore moins dans Jupiter &
dans Saturne; & en effet M. Caffini
affure que Mars eft la derniere des
Planettes à qui l'on en peut trouver.

La raifon en eft que le demi-diamétre de la terre que l'on prend pour la
mefure commune, eft véritablement
fenfible à l'égard de la diftance de la
Lune, mais tellement petit pour la
diftance des autres Planettes, qu'il devient prefqu'à rien, & s'évanouit même tout-à-fait, comme fi la terre n'étoit
plus qu'un point, & qu'à regarder une
étoile de fa furface ou de fon centre il
n'y eût aucune difference.

Ce que l'on a pu découvrir par la
Parallaxe, on a tâché de le conclure
par d'autres voies, & l'on a cru que
les Planettes qui reçoivent moins d'impreffion du premier mobile, & qui font
plus vîtes dans leur mouvement naturel, doivent en être plus éloignées &

par conséquent que le Soleil est plus
bas que Mars , parce qu'il fait son tour
dans un an , & que Mars y en emploie
deux ; que Jupiter est beaucoup au-
dessus de Mars, puisqu'il lui faut douze
ans , & Saturne beaucoup au-dessus de
Jupiter , & plus près du premier mobile , puisqu'il lui faut trente ans pour
faire le sien.

Enfin on a encore reconnu cet ordre
desCieux par les Eclipses des Planettes
dans leurs conjonctions , & l'on a conclu avec raison qu'un corps qui nous
en cache un autre , est plus bas que celui qu'il nous cache , & par conséquent
que la Lune qui nous cache les autres
Planettes est la plus basse de toutes ; que
Mercure est plus bas que le Soleil, puisqu'il y fait une tache , que le même est
plus bas que Venus , Venus plus bas
que Mars , &c.

De toutes ces choses il faut conlure,
que quand on dit que le Soleil ou quelque autre Planette est dans une telle
ou telle constellation , cela ne signifie
pas qu'il soit véritablement dans le même ciel où sont les étoiles qui composent ladite constellation,& que si de l'en-

droit où l'on obferve, on tiroit une ligne qui paffât par le corps du Soleil, & qui fût prolongée jufqu'au firmament, elle iroit aboutir jufqu'à la conftellation dont on parle.

Quoique par ce que nous avons dit on voye que les Planettes font plus hautes ou plus baffes les unes que les autres, néanmoins on ne peut pas conclure la diftance des Planettes à la Terre, & ce qui n'empêche pas que les Aftronomes ne tâchent de la déterminer en quelque maniere conformément à leurs principes; ils difent donc que la Lune eft diftante de la Terre de 49. demi-diamétres de la même Terre, Mercure de 115. Venus de 618. le Soleil de 1165. Mars de 3584. Jupiter de 10423. Saturne de 15800. & les Etoiles fixes de 19000.

Pour fçavoir par des mefures qui nous font connues, combien il y a d'ici au Soleil, ou d'ici à la Lune, il faudroit fçavoir combien il y a de lieues ou de milles d'ici au centre de la Terre, & c'eft ce que nous examinerons plus loin.

DES COMETES.

LEs Cométes font des corps lumineux que l'on voit quelquefois paroître parmi les aftres qui ont un mouvement auffi-bien que les autres étoiles, mais qui font accompagnées de
certains rayons de lumiere que l'on ne
voit pas dans les autres.

Lorfque la Cométe jette fes rayons
vers l'endroit du ciel où fon mouvement propre femble la porter, ces
rayons s'appellent une Barbe lorfqu'elle les envoie vers l'endroit d'où elle s'é-
loigne, on les appelle une Queue &
lorfqu'ils fe répandent également autour de la Cométe, on les appelle une
Chevelure, & toutes ces différences
viennent de ces différens afpects ou des
habitudes qu'elle a avec le Soleil ; car
fi le Soleil eft à peu près en oppofition
avec elle il fait la chevelure ; au lieu
que fi le Soleil eft dans tout autre afpect, fes rayons fe portent feulement
fur la partie du Ciel qui lui eft oppofée, & font ou une barbe ou une
queue, & alors ils font bien plus longs

& paroissent quelquefois occuper environ 30. dégrés en longueur, qui font la douziéme partie du Ciel ; mais comme les oppositions ne durent pas longtems les mêmes, on voit aussi assez souvent les barbes devenir des chevelures & des queues.

Il n'y a rien de reglé dans les Cométes ni pour le tems, car il se passe quelquefois plusieurs années sans qu'il en paroisse aucune, & quelquefois on en voit plus d'une dans l'espace de deux ou trois mois ; ni pour la durée de leur apparition, car quelques-unes n'ont paru que peu de jours, au lieu que d'autres ont paru plusieurs jours ; ni pour le lieu, car quelques-unes ont commencé à paroître vers l'Ecliptique, d'autres vers les Poles du monde.

Il n'y a rien non plus de réglé à l'égard de leur mouvement, car elles ne sont point assujetties à la direction générale & unique du mouvement qui emporte d'Occident en Orient toutes les Planettes. Elles vont quelquefois d'Orient en Occident comme la seconde de 1702. & celle de 1706. quelquefois du Midi au Septentrion, comme celle de 1707. & quelquefois du Septentrion au Midi , comme celle de 1699. & cela assez directement, desorte qu'elles font de grands angles en coupant l'Ecliptique.

Comme ces mouvemens font opposés au mouvement général, on peut comparer celles qui vont d'Occident en Orient à un nageur qui iroit contre le fil de l'eau d'une riviere en la remontant , & celles qui vont d'un Pole vers l'autre , à un nageur qui traverseroit la riviére , par où l'on voit que ces deux mouvemens opposés ne peuvent être surmontés que par une assez grande force.

Pour expliquer la nature des Cometes quelques Philosophes ont cru que ce n'étoit qu'un amas de plusieurs petites Etoiles invisibles d'elles-mêmes à cause de leur petitesse & de leur grand éloignement de la terre ; que l'inégalité de leurs mouvemens les faisoit quelquefois rencontrer dans quelque endroit du ciel où leur concours les rendoit visibles, & que la Comete cessoit de paroître, lorsque chacune de ces Etoiles continuant à se mouvoir suivant sa détermination particuliere, elles séparoient toutes les unes des autres.

D'autres ont cru que les Cometes étoient des feux produits par des exhalaisons qui étoient élevées de la terre & qui s'étoient allumés dans la plus haute région de l'air, mais quelle apparence que la terre puisse fournir assez grande quantité d'exhalaisons pour entretenir un si grand feu, pendant tout le temps que paroît une Comete. D'ailleurs les Astronomes, qui ont vécu depuis environ 200. ans, ont trouvé par la parallaxe qu'elles devoient être beaucoup au-dessus de la Lune.

Il est vrai qu'il en parut une il y a 240. ans (en 1742), qui avoit à ce que l'on dit 6 degrés de parallaxe, ce qui feroit voir qu'elle étoit beaucoup plus proche de la terre que la lune, mais M. Cassini trouve que cela n'est pas fort vraisemblable, & il dit qu'ayant cherché la parallaxe de toutes celles qu'il a observées, il ne leur en a trouvé que 30, 40 ou 45. secondes tout au plus, & il ne sçauroit même assurer entierement que ces 30. ou 40. secondes appartinssent véritablement à la parallaxe.

Il dit encore, qu'à la vérité M. Bian-
chini la trouva de 13. minutes à la Comete de 1702. auquel cas elle n'auroit
été éloignée de la terre que 5. fois
plus que la lune, mais il dit que cet
éloignement est très-petit par rapport
à celui où l'on est obligé de placer les
autres Cometes qui n'ayant que très-peu
ou point de parallaxe ne sçauroient être
moins éloignées que Mars, la derniere
des planetes, à qui l'on en puisse trouver.

Que si on mettoit ces feux dans la
région solaire, cela ne contrediroit
point à ce que l'on a dit ci-devant du
corps du soleil, que l'on a cru être une
masse de feu, & des macules & facules,
que l'on a cru être des émanations de
ce grand corps, qui y font des taches,
& qui en s'allumant ensuite font des
brillans ; mais il resteroit toujours une
difficulté qui seroit, qu'une production
accidentelle, formée dans l'étendue
du tourbillon du soleil, pût avoir une direction de mouvement contraire à celle
de tout le tourbillon & qu'une Comete
qui n'est qu'un atôme en comparaison
de ce fluide immense où elle nage, pût
conserver une direction opposée à cel-

le de ce fluide.

Ces difficultés ont fait penſer à quelques Philoſophes & Aſtronomes modernes, que les Cometes pourroient bien être des corps auſſi anciens que le monde ; mais qui ſont ſi fort au-deſſus de nous, que nous ne pouvons les voir qu'en certaines conjonctures.

Pour cela il faut s'imaginer que cet univers eſt d'une étendue immenſe & preſqu'infinie & que les Etoiles fixes ſont diverſement répandues dans cette immenſité : qu'il y en a qui ſont placées bien loin au-delà de notre petit monde, & de la portée de nos lunettes ; que dans cette vaſte étendue il y a un grand nombre de tourbillons, & que les Cometes ne ſont que des ſatellites de quelques-unes de ces Etoiles qui ſont tourbillons, & qu'elles n'ont à la portée de notre vue qu'une certaine partie de leurs corps ordinairement aſſez petite ; qu'elles ont des mouvemens particuliers, parce qu'il ſe peut faire que la nature ſe plaiſe dans cette diverſité ou plutôt que c'eſt par-là que Dieu a voulu honorer la beauté & la grandeur de ſon ouvrage ;

qu'il y a des Cometes innombrables qui
se promenent dans cette immensité; que
celles qui se font voir à nos yeux,
sont celles qui dans leurs routes s'approchent plus de nous, soit qu'elles
passent par la région des planettes, ou
seulement un peu au-delà, si bien
qu'on ne peut pas dire qu'il n'y en ait
point d'autres que celles qui nous deviennent visibles, puisque de celles-là-
mêmes que nous voyons, les unes
s'évanouissent aussi-tôt, & d'autres
ne se découvrent que difficilement.
Croyez vous, dit Séneque, que dans
ce grand corps si beau & si magnifi-
que entre un nombre innombrable d'E-
toiles qui embellissent la nuit de tant
de beautés différentes, il n'y en ait
que cinq auxquelles il soit permis de
se mouvoir & de s'exercer, & que les
autres comme une populace paresseu-
se, demeurent oisives & immobiles ?
Combien y en a-t-il d'autres qui mar-
chent par des voies secrettes & qui ne
paroissent jamais aux yeux des hommes ? quelle partie d'un si grand ouvrage, croyez-vous que nos yeux
soient capables de découvrir ?

S ij

Quand on objecte à ceux qui sont dans cette opinion, que si ces astres avoient un mouvement regulier, ils devroient retourner & se faire voir en certains temps déterminés, ils répondent qu'ils le font effectivement, & que si le temps de leur apparition nous est inconnu, c'est qu'on n'en a pas des observations exactes, soit à cause qu'elles ne retournent qu'après plusieurs années, ou bien que quand elles s'approchent de nous, elles passent pendant le jour, c'est-à-dire, dans le temps qu'elles sont plongées à notre égard dans les rayons du Soleil; qu'il y en a quelques-unes dont on a déja reconnu le cours & la période; qu'il y a de l'apparence que celle qui parut en 1664. nous avoit paru l'an 1618. c'est-à-dire 46. ans auparavant, & même plusieurs autrefois en remontant de 46 ans en 46. ans ou environ, & qu'elle fera encore la même chose à l'avenir, auquel cas elle devroit avoir paru en 1710. ou environ.

Je ne m'amuserai point ici à rechercher si l'apparition des Cometes a amené quelque chose de funeste dans le monde , comme les Aftrologues & les Poëtes le difent.

> Et nunquam cœlo fpectatum impune
> Cometen. *Claud.*

Et comme le croient encore la plupart des perfonnes ; mais je remarquerai qu'il feroit néceffaire que l'hiftoire de leur apparition & de leur cours fût bien établie pour pouvoir fervir de fondement à un fyftême , fi cependant on peut fe promettre d'aller jamais jufque-là.

DES PRINCIPAUX SYSTESMES DU MONDE.

DE CELUI DE PTOLOME'E.

ON appelle fyftême la difpofition & l'arrangement que les Philofophes & les Aftronomes ont donnés aux parties de l'Univers. Nous avons parlé de celui d'Anaximandre , le plus imparfait de tous, je ne fçais s'il a eu des fectateurs. Les anciens Egyptiens , Platon dans fon Timée , Ariftote dans fes Livres du Ciel , & autres , ont cru que la

Lune étoit la plus baſſe de toutes ;
qu'immédiatement après elle venoit le
Soleil, enſuite les Planettes, enfin les
Etoiles fixes ; mais environ 150. ans
après Notre Seigneur eſt venu Ptolomée, qui a rangé les luminaires d'une
maniére plus convenable, qui eſt celle
que nous avons rapportée ci-devant, &
voilà ce qu'on appelle le ſyſtême de
Ptolomée, qu'il faut voir dans une figure.

D'abord il a été aſſez ſimple, mais il
s'y eſt trouvé des difficultés, pour l'é-
claircifſement deſquelles Ptolomée lui-
même, & ſes ſectateurs, ont été obligés de chercher divers expédiens, les
uns en ajoutant de nouveaux cieux,
comme les cryſtallins dont nous avons
parlé ci-devant, car ils ne ſont pas de
Ptolomée ; les autres imaginant des
voutes dans l'épaiſſeur des orbes céleſtes, comme Peurbachius ; d'autres
en mettant de petits cercles dans les
grands, que l'on appelle des épicycles,
& autres choſes ſemblables. C'eſt tout
dire que l'embarras des cieux & des
cercles que l'on ſuppoſoit étoit tel, qu'-
Alphonſe X. Roi de Caſtille, grand

Mathématicien, mais en cela fort présomptueux, disoit que si Dieu l'eût appellé dans son Ciel quand il créa le monde, il lui auroit donné de bons avis.

On a sauvé le système de Ptolomée autant de tems qu'on l'a pu faire, peut-être à cause de la difficulté que l'on trouvoit à en établir un nouveau, mais à la fin il a fallu l'abandonner au moins en deux choses, sçavoir dans la concentricité & dans la solidité des cieux. Quant à la premiere, Ptolomée a cru que tous les cieux étoient concentriques, c'est-à-dire n'avoient qu'un même centre, & que ce centre étoit le centre même de la terre ou du monde ; mais on a reconnu que les planettes de Mercure & de Venus n'avoient que la terre pour centre de leurs mouvemens, & que c'étoit autour du Soleil qu'elles tournoient.

Pour ce qui est de leur solidité, la moindre anomalie ou irrégularité que l'on trouvoit dans les mouvemens qui étoient déja connus, faisoit créer de nouveaux cieux, & il s'est trouvé des Auteurs, qui pour expliquer tous les Phénoménes ou toutes les apparences,

se sont cru obligés de les pousser jusqu'au nombre de soixante, la plûpart
avec des axes différens. Quel embarras !
D'ailleurs les Cométes à qui l'on n'a
point donné de ciel particulier pour y
faire leur mouvement, devoient briser
les glaces de tous les autres cieux, pour
se faire un passage au travers, mais
nous parlerons d'elles un peu plus loin.

DU SYSTESME DE COPERNIC.

L E systême que l'on appelle de Copernic, dans lequel on attribue le
mouvement à la terre & le repos au
Soleil, a été ébauché par les Pythago-
riens environ 300. ans avant la naif-
sance de Jesus-Christ, mais ils ne le
tenoient pas tous de la même maniére,
car il y en avoit qui croyoient que la
terre étoit au centre du monde, & que
tournant sur son axe d'occident en
orient, elle montroit successivement
ses parties au Soleil pour en être éclairées, ce qui n'empêchoit pas qu'ils n'at-
tribuassent aussi au Soleil, & aux autres
Astres, ce mouvement périodique que
nous avons dit leur être propre, à la
Lune

Lune celui d'un mois, au Soleil celui
d'un an, à Mars celui de deux ans, &c.
parce qu'autrement ils n'auroient pu
expliquer les conjonctions, les oppositions, ni les autres aspects des planettes,
& il y a des Auteurs modernes qui ont
embrassé cette opinion, qu'ils ont ex-
pliquée un peu mieux que les anciens,
& ont accordé au Firmament cette longue révolution de vingt cinq mille ans,
dont nous avons parlé ci-dessus.

Les autres ont placé le Soleil au centre de l'Univers comme un grand feu
pour en éclairer & en échauffer toutes
les parties, prétendant que cette place
d'honneur lui étoit due à plus juste titre
qu'à la terre, & en mettant la terre
parmi les autres planettes à peu près
dans l'endroit où les autres mettoient
le Soleil ; ils les faisoient tourner à l'entour du Soleil comme ses servantes, lui
n'ayant pas besoin d'elles, au lieu qu'-
elles ont un grand besoin de lui.

Ce systême a été rejetté longtems
comme extravagant, apparemment à
cause que l'on avoit de la peine à s'imaginer que l'on tourne continuellement,
sans qu'il paroisse que l'on ait en au-

Tome II.   T

cune maniére changé de place, & que
l'on n'avoit pas moins de peine à accorder à la terre la qualité de planette ; cependant il a été renouvellé dans les derniers siécles , & l'on dit que le Cardinal
de Cusa y a travaillé des premiers ; je
ne sçais quel progrès cette opinion fit de
son tems, (il mourut l'an 1464,) mais
environ 1540. Nicolas Copernic , natif
de Torn dans la Prusse Royale , & Chanoine de Varmie , le rendit tellement
probable , en suppléant beaucoup de
choses qui étoient nécessaires pour l'éta-
blissement de ce systême , que plusieurs
Mathématiciens l'ont embrassé , & qu'il
est aujourd'hui le plus généralement
suivi.

Il mit Mercure plus près du Soleil
qu'aucune autre planette, aussi fait-il
un circuit plus petit que les autres ,
n'employant que trois mois à l'achever;
après lui il mit Venus, qui fait son tour
en sept mois & demi ; ensuite il plaça la
Terre, qui emploie un an ou douze
mois à parcourir son circuit ; puis Mars,
qui n'achéve son cours que dans deux
ans ; Jupiter, qui ne fait le sien qu'en
douze , & Saturne qu'en trente,

La Lune ne tient pas-là son rang,
comme l'on voit, mais Copernic disoit
que l'espace qui est entre Venus & Mars
est d'une étendue si prodigieuse, que la
terre & la Lune y sont placés, la Lune
accompagnant toujours la terre comme
une suivante sa maitresse, & étant emportée avec elle à l'entour du Soleil,
enforte néanmoins qu'elle ne laisse pas
de faire un tour tous les mois à l'entour
de la terre : il voulut que le Firmament
fût immobile, & il en fit le bout du
monde, rejettant les crystallins & le
premier mobile comme des machines
inutiles.

Enfin Copernic a cru que l'espace
qui s'étend depuis Saturne jusqu'aux
étoiles fixes, est aussi comme infini, car
il fait la distance de la terre au Firmament tellement grande, que non-seulement le globe de la terre, comparé
avec la région des étoiles, n'est qu'un
point, ce qui est généralement reçu de
tous les Astronomes, mais que ce
grand orbe, que la terre décrit à l'entour du Soleil, & dont le demi-diamétre est la distance de la terre au Soleil,
n'est même encore que comme un point.

Le lieu que la terre occupe dans l'Univers étant ainſi ſuppoſé, Copernic lui attribue trois ſortes de mouvemens, le diurne, l'annuel, & celui d'inclinarion.

Le mouvement diurne eſt le circuit ou la révolution que fait la terre à l'entour de ſon axe, tendant d'occident en orient, ce qui fait qu'une même partie de la terre, par exemple celle dans laquelle nous ſommes, ſe trouvant tantôt tournée vers le Soleil & tantôt au contraire jouit un tems de la lumiére du jour, & ſe trou e enſuite plongée dans les ténébres de la nuit, & que cependant les parties du ciel qui ſe découvrent, & qui ſe cachent conſécutivement les unes après les autres, paroiſſent tantôt ſe lever & tantôt ſe coucher.

Le mouvement annuel eſt le chemin de la terre dans le Zodiaque, lorſque cheminant entre Venus & Mars, & tendant auſſi vers l'orient, elle tourne à l'entour du Soleil, & achéve ſon circuit dans un an; car lorſque ſa ſurface roule par le mou ement diurne à l'entour de ſon propre centre, elle s'a vance cependant peu à peu selon la suite des signes, de même que le centre d'une boule qu'on fait rouler sur un plan avance selon la longueur du plan, pendant que la surface tourne autour du centre de la boule.

De-là il arrive que quand la terre est entre le Soleil & un certain signe, le Soleil cache alors le signe opposé, & est dit être dans ce signe, ce qui fait que quand la terre est dans la Balance, le Soleil paroît être dans le Bélier, & que quand elle passe de la Balance dans le Scorpion, le Soleil paroît passer du Bélier dans le Taureau, & ainsi consécutivement, tellement que c'est la terre qui effectivement parcourt le Zodiaque & décrit l'Ecliptique, le Soleil ne le parcourant & ne le décrivant qu'en apparence.

Le mouvement d'inclination n'est pas un mouvement nouveau & différent des deux dont nous venons de parler, mais seulement une certaine modification de ces deux mouvemens, en ce que la terre en tournant le fait d'une certaine maniére, qu'elle garde toujours son axe paralléle à celui du monde, & toujours incliné de vingt-trois degrés & demi au plan de l'Ecliptique, & ce mouvement est nécessaire pour le changement des saisons, & afin que le Soleil paroisse s'approcher tantôt d'un Pole & tantôt d'un autre, ce qui est un peu plus difficile à imaginer que le reste.

Le Pere Dechales dit que c'est une chose admirable, que cette hypothése explique si exactement tous les Phenoménes ; mais M. Hughens dit plus, sçavoir qu'il convient mieux à la simplicité de la nature, qu'il est plus juste & plus aisé, que par lui l'on explique mieux les observations que l'on a faites sur les mouvemens des astres, & qu'aujourd'hui tous les Philosophes & les Astronomes demeurent d'accord que la Terre a son mouvement, & qu'elle tient son rang parmi les Planettes, à moins que d'avoir l'esprit plus pesant que les autres, ou de soumettre leur raison à l'autorité des hommes.

Il y a une chose dans ce systême difficile à concevoir, qui est cette distance infinie des Etoiles fixes à la terre, dont nous avons parlé ci-dessus, & que Copernic est obligé de supposer ; & une autre dans le systême du mouvement du Soleil, sçavoir la vitesse prodigieuse des luminaires, de laquelle nous avons aussi parlé, mais toutes les deux vont à faire voir la grandeur de Dieu, qui peut faire infiniment plus que tout ce que nous pensons. La distance se conçoit mieux que la vitesse.

Mais on fait deux objections sur le systême de Copernic que l'on ne peut pas faire contre l'autre : la premiere, qu'il y a plusieurs passages dans l'Ecriture-Sainte qui font la terre immobile, ou qui donnent du mouvement au Soleil, & que ces passages sont assez exprés pour nous obliger par le respect qu'on doit à l'Ecriture à ne lui pas donner un sens forcé, jusqu'à ce que nous ayons quelque démonstration contraire. La deuxiéme, que cette hypothése a des suites dangereuses ; car en mettant la terre au nombre des Planettes, on donne lieu de penser que comme elle est habitée par des hommes, les autres Planettes pourroient l'être aussi, ce qui feroit naître quantité de doutes.

Les passages qui attribuent le repos

à la Terre, & le mouvement au Soleil
font ceux-ci. *Jofué commande au Soleil*
& à la Lune de s'arrêter, jufqu'à ce que
le Peuple fût vengé de fes ennemis; le So-
leil s'arrêta au milieu du Ciel, & ne fe
hâta point de fe coucher, durant l'efpace
d'un jour. Jof. x. Une race paffe, une autre
lui fuccede, mais la terre demeure ferme
pour jamais. Le Soleil fe leve & fe couche
& il retourne d'où il étoit parti, & renaif-
fant du même lieu il prend fon cours vers
le Midi & tourne vers le Nord, l'efprit
tournoye de toutes parts, & il revient fur
lui-même par de longs circuits. Eccle. 1.
Que toute la terre tremble devant fa face;
car c'eft lui qui l'a rendue immobile fur fes
fondemens, &c.

Ils répondent à ces paffages, que le
deffein de l'Ecriture-Sainte n'eft pas de
faire des hommes Phyficiens ou Mathématiciens; que les Ecrivains facrés
fe font accommodés à notre maniere
de concevoir; qu'elle a voulu dans ces
endroits marquer la viciffitude apparente dans le lever & dans le coucher
du Soleil, foit que cela arrive par le
mouvement du Soleil ou de celui de la
Terre: à l'égard de la ftabilité de la

Terre, ils difent qu'elle fe doit enten-dre non pas de l'état qui eft oppofé au mouvement, mais de celui qui eft oppofé à la corruption & à la diffolution. En un mot M. Hughens dit qu'on a pleine-ment fatisfait aux argumens que l'on a coutume d'objeéter, & que les répon-fes que l'on y a faites ont abfolument effacé tous les fcrupules que l'on pour-roit avoir.

Pour ce qui eft de l'objeétion que l'on fait qu'il y auroit du danger à avouer qu'il y eût des hommes dans les Planettes, nous en parlerons un peu plus loin.

DU SYSTÉME DE TICHO-BRAHE'.

LE dérangement que Copernic avoit caufé dans le monde, parut étrange à bien des gens qui ne pou-voient fouffrir que le foleil qu'ils regar-doient auparavant comme beaucoup au-deffus d'eux, & qu'ils croyoient mar-cher à pas de géans pour fournir fa carriere autour de la Terre, fut rabaiffé jufqu'au centre du monde & arrêté, non pas pour quelques heures, comme

du tems de Josué, mais pour toujours,
& condamné à garder un poste qui
leur paroissoit indigne de lui, & l'on
dit que Copernic lui-même par modes-
tie ou autrement se défioit tellement
du succès de son système, qu'il fut très-
longtems sans oser le publier, & qu'il
mourut en recevant la derniere feuille
de l'impession de son Livre.

Aussi se trouva-t-il un Danois quelques cinquante ans après, nommé Ticho-Brahé, lequel de son château d'Ura-
nisbourg ayant bien considéré tout ce
qui se passoit dans le Ciel, fit un nouveau système : contraignit le Soleil à
reprendre son fouet pour conduire son
chariot, comme il avoit accoutumé de
faire, & rétablit la Terre dans son
droit de stabilité ou de repos, mais il
fut en bien des choses contraire à Ptolomée, comme l'on peut voir par la figure de son système.

Le Firmament ou la Sphere des Etoiles fixes est dans cette figure comme
dans celle de Copernic la derniere &
la plus é'oignée partie du monde. La
Terre occupe le centre de cette Sphere
& le reste de l'espace qui est entre deux,

& qu'il suppose être très-libre & très-fluide, est le lieu où les Planettes font leurs mouvemens ; car ç'a été principalement Ticho-Brahé qui a brisé, pour ainsi dire, & renversé les Spheres solides, pour avoir observé le premier & démontré que les Cométes traversent les espaces éthérées, & après avoir vérifié que Mercure & Venus sont tantôt au-deçà du Soleil & tantôt au-delà, & autres choses semblables.

On voit ensuite dans cette même figure trois mobiles qui font leurs circuits à l'entour de la Terre comme à l'entour de leur centre, la Lune qui en est la plus proche en un mois, le Soleil qui en est le plus éloigné & comme au milieu en un an, & le Firmament, qui en est très-éloigné, en 25000. ans.

On voit de plus qu'il y a cinq Planettes qui font leurs mouvemens particuliers à l'entour du Soleil comme à l'entour de leur centre, sçavoir Mercure en trois mois, Venus en huit, Mars en deux ans, &c. que Mercure & Venus dans le circuit qu'ils font à l'entour du Soleil, n'embrassent pas la Terre, au lieu que Mars, Jupiter &

Saturne l'embraſſent que ces trois dernieres Planettes ſont quelquefois plus
près de la Terre & quelquefois plus
éloignées, & que Mars en particulier
s'en approche quelquefois plus que le
Soleil même.

Ticho Brahé avoit promis d'expliquer ſon ſyſtême & d'en apporter les
preuves dans un grand ouvrage qu'il
méditoit, & qu'il devoit intituler le
Rétabliſſement de l'Aſtronomie ; mais
mais comme il a été prévenu de la
mort, il faut entrer dans ſon eſprit &
ſuppléer à ce qu'il auroit dit.

Comme donc on ne fait aucune men-
tion du mouvement journalier, on doit
s'imaginer que quand la Lune, le Soleil
& les Etoiles fixes parcourent le Zodiaque d'Occident en Orient pendant
un certain tems, ils ne laiſſent pas de
tourner chaque jour d'Orient en Occident, & de même les cinq Planettes
qui tournent autour du Soleil, ce qu'elles ne font pas d'elles-mêmes, mais
tranſportées par la force du Soleil qui
leur tient lieu de premier mobile, car
il faut que le Soleil qui les tient toutes
comme attachées à ſoi, les faſſe tour-

ner chaque jour à l'entour de la Terre,
parce qu'il y tourne lui même.

Celui qui conçoit e systême de Copernic concevra aisément celui-ci, parce que si au lieu du cercle qui passe par
le Soleil on en tire un autre qui passe
par la Terre, tel qu'est celui qui est
ponctué, & qui ne sert ici de rien, il
n'y aura presque point de différence
entre ce systême & celui de Copernic, car pour-lors le soleil sera au milieu ou dans le centre du systême, &
les planettes se trouveront placées
comme dans celui de Copernic, tellement que Ticho-Brahé semble n'avoir
fait autre chose que renverser le systême de Copernic.

Comme on a clairement découvert
de nos jours que la disposition des planettes est telle qu'il faut absolument
que le systême de Copernic soit véritable ou celui de Ticho-Brahé, & que
d'ailleurs il y a bien des gens qui ne
sçauroient souffrir celui de Copernic,
cela fait que la plupart des Astronomes suivent presentement celui de Ticho-Brahé, emportés par la renommée
des observations de ce grand homme

& perſuadés que les objections qui ſe
tirent de l'Aſtronomie, de la Phyſique &
principalement de la Sainte-Ecriture
contre les Coperniciens, ſubſiſtent toujours, quelques repanſes que l'on y
puiſſe donner.

Ce qui avoit engagé Ticho-Brahé à
établir un nouveau ſyſtême, étoit
qu'il ne pouvoit ſouffrir ni celui de
Ptolomée, ni celui de Copernic, & à
l'égard du dernier il objectoit principalement trois choſes : la 1e. que bien
que dans ce ſyſtéme on évitât fort ju-
dicieuſement ce qui paroît ſuperflu &
diſconvenant dans celui de Ptolomée,
& qu'en effet on ne péchât aucune-
ment contre les principes de Mathé-
matique, on admettoit néanmoins une
abſurdité contre les principes de Phyſique, ſçavoir que la terre étant un
corps groſſier, pareſſeux & mal propre au mouvement, on ne laiſſoit pas de
la charger de trois mouvemens avec
autant d'uniformité que les luminaires
céleſtes ; la 2e. qu'il ne s'accorde pas
avec la Sainte-Ecriture, comme nous
avons déja dit ; & la 3e. que cette capacité qui eſt entre l'orbe de Sa-

turne & les étoiles fixes , eſt comme
immenſe ſelon lui , & cependant qu'il
n'y met rien.

On eſt preſentement perſuadé que les
cieux ſont d'une matiere fluide , que le
Soleil, la Lune & les étoiles y font leurs
tours d'une maniere fort libre , comme les Poiſſons dans l'eau ou les Oi-
ſeaux dans l'air ; qu'il n'y a point de
premier mobile qui les entraîne, & par
conſéquent qu'ils ne ſouffrent pas deux
ſortes de mouvemens ; que leur mouvement naturel les porte tous d'orient
en occident , mais que faiſant leurs
tours dans un différent dégré de viteſſe , ceux qui le font le plus lentement
ſe trouvant plus à l'orient quand les
autres ont achevé leurs tours , & c'eſt
ce qui fait que ceux qui ont cru qu'ils
étoient entrainés en occident par le
premier mobile leur ont donné un
mouvement d'occident en orient ; enfin
que leur mouvement ſe faiſant en ligne ſpirale , ils peuvent toujours répondre à quelque point du Zodiaque
qui eſt de biais.

Il ſemble que ce ſoit-là le vrai ſens
de l'Ecriture-Sainte où il eſt dit au cha-

pitre premier de l'Ecclefiafte verf. 5.
& 6. *Oritur fol & occidit & ad locum
fuum revertitur, ibique renafcens gyrat
per meridiem & vertitur ad Aquilonem,
luftrans univerfa in circuitu pergit fpiritus
& in circulos fuos revertitur.*

DES NOUVELLES DE'COUVERTES QUE L'ON A FAITES DANS LE CIEL PAR LE MOYEN DES LUNETTES DE LONGUE VUE.

IL eſt certain que depuis 100. ans
que l'on emploie les lunettes de
longue vue dans les obſervations celeſ-
tes, on a plus fait de nouvelles découvertes dans le ciel & que l'Aſtronomie
s'eſt beaucoup plus perfectionnée
qu'elle n'avoit fait dans tous les ſiecles
précédens que l'on ne ſe ſervoit pas
de cet admirable inſtrument.

On rapporte communément l'épo-
que de cette invention à un Hollandois
nommé Jacque Metius de la ville
d'Alcmar dans la Northollande, mais
ce fut principalement Galilée fameux
profeſſeur de l'Univerſité de Padoue,
qui travailla ſérieuſement à ces lunet-

tes & qui s'en servit le premier dans les obſervations qu'il fit au commencement de l'an 1610. Il publia cette même année un petit livre qu'il intitula le *Meſſager céleſte*, dans lequel il fit part au public des découvertes qu'il avoit faites, & il dit qu'il s'étoit repandu un bruit il y avoit environ dix mois, qu'un certain Hollandois avoit fabriqué une lunette à la faveur de laquelle on voyoit diſtinctement les objets, comme s'ils étoient proches quoiqu'ils fuſſent très-éloignés de l'œil des ſpectateurs, qu'on publioit quelques expériences, quoiqu'il s'y trouvât des perſonnes qui n'y ajoutoient point de foi, néanmoins que la choſe lui ayant été confirmée par des lettres qu'il reçut de Paris, il ſe mit à rechercher les raiſons d'un effet ſi admirable & les moyens de parvenir à la fabrique de cet inſtrument, qu'il y réuſſit, & que la doctrine des réfractions lui ſervit beaucoup à cela.

Que par le moyen de cet inſtrument qu'il a inventé, il a vu la Lune qu'il dit être éloignée de nous de 60. demi-diametres & qu'il en conſ

truisit une qui lui fit voir les objets
plus de mille fois plus grands qu'ils
n'étoient & plus de 30. fois plus proches
que si on les voyoit sans lunettes, mais
quoique Galilée s'applaudît, & avec
raison dans cette découverte, on peut
dire que cette invention n'étoit encore
qu'au berceau, puisqu'aujourd'hui elles
nous font paroître les objets plus de cent
fois plus proches qu'ils ne paroissent
quand on est denué de ce secours.

Ce fut donc par ce moyen que Galilée découvrit un si grand nombre
d'Etoiles fixes, qu'au dessous de la 6e.
grandeur il y en avoit encore plus de
6. autres differentes classes ; que la
voie lactée n'étoit autre chose qu'un
amas de ces moindres étoiles ; que
celles qu'on appelle nébuleuses, n'é-
toient non plus qu'un nombre de petites étoiles dont l'assemblage faisoit paroître une clarté plus sombre & moins
vive que celle qui vient d'une étoile
seule ; qu'il découvrit quatre nouvelles planettes autour de Jupiter que
nous appellons ses satellites & deux
autres aux côtés de Saturne que l'on
appelle ses laterons ; & qu'il remarqua

ces inégalités qui sont dans la lune; & que les montagnes que l'on y voit sont plus hautes que celles qui sont sur la terre même, en prenant la chose dans un sens absolu, & non pas seulement en comparant ces montagnes à leurs globes ; qu'enfin ceux qui sont venus après lui ont découvert ces taches dans les Planettes , dont nous avons parlé , leurs mouvemens, leurs périodes & une infinité d'autres choses.

Mais il y a une chose singuliere que Galilée fait remarquer, qui est que quand on regarde les étoiles avec la lunette , soit que ce soit des étoiles fixes ou des planettes , leur grandeur n'augmente pas selon la même proportion que les autres objets , ni que la lune même, & que cette augmentation paroît beaucoup moindre dans les étoiles , de telle sorte que la lunette qui multipliera au centuple , par exemple, les autres objets, ne multipliera pas les étoiles plus de 4. ou 5. fois, & la raison en est que lorsque l'on regarde les étoiles sans lunettes, elles ne se présentent pas à nos yeux selon leur véritable grandeur, mais on les voit

comme chevelues & rayonnantes de
certaines clartés étrangeres, & que ces
rayons font paroître les aftres beaucoup plus grands que s'ils en étoient
privés, parce que l'angle vifuel n'eft
pas terminé, alors par le feul corps de
l'étoile ; mais par cette fplendeur qui
l'environne & qui s'étend bien loin.

Sur quoi il faut encore remarquer
que c'eft fur-tout quand la nuit eft
avancée, que les étoiles font rayonnantes, & que cette efpece d'illufion fe
fait à nos yeux, & c'eft ce que l'on
peut facilement connoître fi l'on con-
fidere que les étoiles qui après le coucher du foleil, commencent à fe faire
voir dans le crépufcule paroiffent fort
petites, quoiqu'elles foient de la premiere grandeur , & quand on regarde
Venus environ l'heure de midi, à peine femble-t-elle égaler une étoile de la
fixiéme grandeur ; or il en arrive tout
autrement dans les autres objets &
même dans la lune, car foit que vous
les regardiez dans fa plus grande lumiere du jour ou dans les plus profondes
ténébres, ils paroiffent toujours de la
même grandeur.

Ainsi c'est la lumiere qui ôte ces sortes de cheveux aux étoiles & qui les dé-
pouille de ces clartés étrangeres, &
c'est ce que fait aussi la lunette, après
quoi elle fait paroître les plus petites
étoiles qui puissent tomber sous la vue
simple, comme des étoiles de la premiere grandeur. Au reste les satellites
de Jupiter ne paroissent pas plus gros
qu'un poix ordinaire.

Une des choses qui a rendu Galilée
fort renommé a été l'opinion de Copernic qu'il a suivie. & aux argumens
duquel il a donné plus de force qu'il
n'avoit fait lui-même, mais il fut condamné par sentence de l'Inquisition à
se retracter, & l'on dit qu'il en mourut de déplaisir.

Nonobstant tout cela, ceux qui sont
aujourd'hui dans cette même opinion
disent que cette sentence ne regarde
que Galilée contre lequel l'Inquisition
a pu avoir des raisons particulieres
qui ne doivent point avoir lieu contre
les autres; ils ajoutent que cette sentence est véritablement d'un grand
poids, mais qu'on n'est pas obligé d'y
déférer, comme à ce qui est établi

par les Conciles généraux, qu'après tout elle n'oblige pas les fidéles jus-qu'à ce qu'elle ait été légitimement déclarée comme article de foi, & que si on le fait une fois ils sont prêts à se retracter. Je parle ici des orthodoxes : car pour les autres ils tranchent bien plus court.

Des Tourbillons;

D Escartes s'est imaginé qu'au com-mencement du monde, Dieu ayant créé la matiere, & l'ayant divisée en une infinité de petites parties, il avoit donné du mouvement à ces par-ties & les avoit fait mouvoir de plu-sieurs différentes manieres, que ces petits corps en se rencontrant avoient agi les uns sur les autres, que par-là ils avoient acquis d'autres mouvemens que celui qu'ils avoient auparavant.

Il ajoute qu'il faut que ces petites parties se meuvent toutes à la fois & fassent une espece de chaîne, ensorte que quand une quitte sa place à une autre qui la chasse, elle entre dans cel-le d'une autre, & cette autre en celle d'une autre , ainſi de ſuite juſqu'à la derniere qui occupe en même inſtant le lieu qu'occupoit la premiere , & c'eſt par ce mouvement (que Deſcartes repréſente à peu-près circulaire) que ſe ſont formés les tourbillons dans leſquels il prétend que tout le ciel eſt diviſé.

Pour moi je n'irai point chercher ſi loin l'origine des tourbillons , il me ſuffit de remarquer que Copernic & Ticho-Brahé ayant reconnu que la lune tournoit autour de la terre & que Mercure & Venus, Mars , Jupiter & Saturne tournoient autour du ſoleil, que Galilée ayant découvert quatre étoiles qui tournoient autour de Jupiter , & que tant lui que ceux qui ſont venus enſuite ayant trouvé que Saturne en avoit qui faiſoient auſſi leur circuit autour de lui , voilà au moins quatre tourbillons dans le monde qui paroiſſent bien ſûrs , ſçavoir les tourbillons de la terre , du Soleil , de Jupiter & de Saturne , les uns plus petits , les autres plus grands.

J'ai vu pluſieurs Coperniciens qui affectoient d'appeller les lunes les Sa-

tellites de Jupiter & ceux de Saturne ;
mais pourquoi n'appellent-ils pas aussi
Jupiter lui-même aussi-bien que Saturne des lunes du Soleil, puisqu'ils tournent autour de lui & qu'ils sont dans
son tourbillon ; au reste comme ceux
qui veulent que la terre tourne, prétendent aussi que l'air qui l'environne tourne avec elle & du même sens qu'elle ; il
semble aussi que les planettes qui servent de centre aux tourbillons, si elles
sont environnées d'une matiere liquide
qui leur serve d'Atmosphere doivent
imprimer leur mouvement à cette matiere, & la faire tourner de la maniere
qu'elles tournent elles-mêmes.

DE LA PLURALITE' DES MONDES.

JE ne veux pas traiter ici la question
s'il y a plusieurs mondes, & bien
moins prendre de parti, mais seulement rapporter ce que quelques auteurs ont dit, sur-tout ceux de ces derniers tems, car on prétend que de toute antiquité il y en a eu qui ont assuré
qu'il y avoit dans les régions célestes
d'autres mondes que celui que nous
habitons,

habitons, & que même il y en avoit
tant qu'on ne les pouvoit conpter ; que
d'autres qui sont venus après eux, entr'autres le Cardinal de Cusa ont cru
que toutes les Planettes étoient habitées
sans en excepter le Soleil ; mais qu'ils
n'ont pas poussé plus loin leurs découvertes, si ce n'est que quelques-uns
pour se divertir, ont débité certaines
fables touchant les peuples qui sont
dans la Lune, dans lesquelles il n'y a
gueres plus de vraisemblance que dans
celles de Lucien, comme sont celles
que Kepler a voulu débiter dans son
songe Astronomique, Cirano de Ber-
gerac & Kircher dans son voyage ex-
tatique.

Ce dernier Auteur feignant d'être
porté dans les espaces célestes & tout
à l'entour des étoiles, raconte plusieurs
choses qu'il avoit tirées des écrits des
Astronomes & d'autres qu'il avoit mé-
dités touchant les mondes planétaires,
mais c'est principalement sur l'Astrologie qu'il se jetta ; & il prétend que c'est
par les influences constantes & régulieres des Planettes que toute la machine du monde se conserve dans son en-

tier & qu'elles agiffent non-feulement
fur les corps , mais auffi fur les efprits
des hommes.

Il avance qu'il a vu dans Venus une lumiere douce, des eaux qui couloient lentement, des cryftaux brillans de toutes
parts ; qu'il y a fenti des odeurs très-
excellentes , &c. & difant à peu près
les mêmes chofes de Jupiter, il conclud
que c'eft les influences de ces deux Planettes que les habitans de notre globe
reçoivent tout ce qui leur arrive d'heu-
reux & de falutaire; que ce n'eft que par
elles que les hommes font beaux , aima-
bles prudens, fages, &c. Il ajoute qu'il
a remarqué dans Mercure, je ne fçais
quoi de ferein & de vif, qui donne aux
hommes de l'efprit & de l'adreffe;
dans Mars des flammes noires & des
fumées épaiffes que tout ce qu'il a vu
dans Saturne avoit un air trifte, fec,
fombre & affreux, & que c'eft par
l'influence de ces deux Planettes que
toutes les maladies & les miferes
répandues fur la terre accablent les
hommes fi elles ne font moderées &
affoiblies par des influences favorables;
qu'au refte Dieu n'a pas voulu qu'il y

eût rien dans les Planettes qui fût doué
de vie & de sentiment, non pas même
des plantes. Mais M. Hughens dit
que l'on pouvoit attendre de meilleu-
res choses de Kircher, s'il eût osé dé-
clarer ses sentimens.

Je ne sçais si ce que l'on m'a dit est
véritable, que l'on prétendoit avoir vu
dans la Lune du mouvement local,
auquel cas il seroit fort probable qu'il
y auroit quelque chose de vivant;
mais e crois que les lunettes ne peuvent pas découvrir jusqu'à ces sortes de choses, ce qu'il faut voir dans la
Dioptrique de M. Hartsœker, ainsi ce
n'est qu'aux pures conjectures que l'on
peut avoir recours.

L'Auteur des Entretiens imprimés
l'an 1686. sur la pluralité des mondes,
dit qu'en mettant des habitans dans les
Planettes, il n'a pas prétendu faire un
systême en l'air & qui n'eût aucun
fondement; qu'il y a employé de vrais
raisonnemens de Physique, qu'il n'a
rien voulu imaginer sur ces habitans
qui fût entierement fabuleux; qu'il a
tâché de dire tout ce qu'on en pouvoit
raisonnablement penser; & que les vi-

fions même qu'il y avoit ajoutées ont
quelque fondement réel ; qu'il n'eſt pas
probable que de ſi grands corps demeurent vuides & ſans habitans. Mais il ne
dit pas que ces habitans ſoient des
hommes, & quand on lui demande,
qu'eſt-ce qu'ils ſont, il répond, qu'il
n'en ſçait rien, & qu'il ne les a pas vus.

M. Hughens eſt plus hardi : il dit
qu'il n'eſt pas poſſible que ceux qui
ſont du ſentiment de Copernic, & qui
croient véritablement que la Terre que
nous habitons eſt au nombre des Planettes qui tournent autour du Soleil,
& qui reçoivent de lui toute leur lumiere, ne croient auſſi que ces globes
ſont habités, cultivés & ornés comme le
nôtre ; & qu'on ſe rendra aiſément aux
conjectures, ſi l'on fait attention aux
nouvelles découvertes qui ſe ſont faites
dans le Ciel longtems depuis Copernic ſur les Etoiles qui accompagnent
Jupiter & Saturne, ſur les montagnes
& les plaines que l'on a découvertes
dans la Lune, & encore à la reſſem-
blance & à la liaiſon qu'il y a entre
la Terre & les autres Planettes ; que
pour lui il a agi ſans crainte, & qu'il a

établi qu'il y avoit dans les Planettes des gens comme nous, & des spectateurs pour en considérer les merveilles; que cependant il n'assure rien comme certain, qu'il n'agit que par conjectures, sur la vraisemblance desquelles il ne veut ôter à personne la liberté de juger comme il lui plaira. M. Hartsoeker, supposant que toutes ces choses sont vraies, a établi des villes & des grands chemins dans la Lune, & des societés parmi les habitans

Voilà ce que j'ai cru qu'il étoit à propos de rapporter touchant le Ciel, les Astres & leurs mouvemens, il faut voir présentement en quoi cela est utile à la Géographie & ce que l'on en peut tirer, pour faire connoître les propriétés locales des pays, ce qui est presque la seule chose pour laquelle un Géographe se croit obligé de parler de la Sphere.

Des Lignes, des Cercles, et des Points qui sont décrits sur les Mappemondes.

POur pouvoir expliquer sur la Mappemonde les propriétés locales des différens endroits de la Terre, on y a marqué des Cercles, des Lignes & des Points qui répondent aux Lignes, aux Cercles & aux Points que nous avons fait observer dans le Ciel. En un mot, on y a représenté une Sphere en projection.

Les deux Points qui sont au haut & au bas de chaque Hemisphere, sont les Poles Arctique & Antarctique ; la Ligne graduée qui coupe l'Hemisphere en deux parties égales est l'Equateur ; les Cercles qui vont de même sens sont appellés Paralléles, & le sont en effet entre eux & avec l'Equateur, quoiqu'ils ne paroissent pas l'être sur la Mappemonde. Ils ne sont marqués que de dix dégrés en dix dégrés; mais il faut se figurer qu'il y en a beaucoup d'autres entre ceux-là : ceux de ces Cercles qui sont marqués par des lignes doubles, sont les

Tropiques & les Cercles Polaires. Les
Cercles qui aboutissent aux deux Poles
sont les Méridiens : ils ne sont marqués
non plus que les paralléles que de dix
en dix , mais il faut pareillement sup-
pléer aux autres par imagination. Ceux
qui sont au milieu des deux Hemispheres , l'un au 90 dégré, & l'autre au
170 · de longitude représentent le Colure des Solstices , & ceux qui enfer-
ment les Hemispheres représentent celui des Equinoxes.

De la maniere que le globe terrestre
est figuré sur la Mappemonde, elle peut
représenter ou une Sphere droite , ou
une Sphere paralléle. Si l'on se figure
que le Cercle qui entoure l'Hemisphere & l'Horizon, ce sera une Sphere
droite ; mais si c'est l'Equateur qui représente ici l'Horizon, ce sera une Sphere paralléle: il est mieux de penser que
c'est une Sphere droite , auquel cas le
Zenith ou le Point vertical sera ce point
de l'Equateur , qui est tout au milieu
de l'Hemisphere , & le Nadir cet autre
point du même Equateur, qui lui répond dans l'autre Hemisphere. Si l'on
regarde la Sphere comme paralléle, ce

feront les deux Poles qui ferviront de Zenith & de Nadir.

Dans la plupart des Mappemondes on marque le Zodiaque ou au moins l'Ecliptique, & il y eft figuré par une ligne qui ferpente de l'Equateur aux Tropiques, & des Tropiques à l'Equateur : fi on le croit bon à quelque chofe, on peut fe l'imaginer dans celle où il n'eft pas marqué.

L'ufage auquel il eft deftiné eft pour expliquer le cours du Soleil, mais on peut fort bien l'expliquer fans cela, en difant que quand il eft au Tropique du Capricorne, le premier mobile le trouvant-là lui fait faire un tour d'Orient en Occident, & que ce tour qu'il lui fait faire ce jour-là, n'eft autre que le Tropique du Capricorne, qu'ainfi il fe leve précifément à 23. dégrés & demi, & qu'il coupe l'Horizon en fe couchant à 23. dégrés & demi. Le lendemain comme il s'eft un peu avancé du coté de l'Equateur, le premier mobile lui fait faire un Cercle paralléle au Tropique, mais un peu plus près de l'Equateur, & le fait lever à 23. dégrés, & peut être 25 minutes,

l'autre lendemain à 23. dégr. 20. min.
& ainsi de suite à 23. dégr. 15. min. à
23. dég. 10. min. à 23. dég. à 22 & demi,
à 22. & ainsi consécutivement jusqu'à
l'Equateur, & depuis l'Equateur jusqu'au Tropique du Cancer, après quoi
on le fait revenir de ce Tropique à l'E-
quateur, & de l'Equateur au Capricorne.

DES POINTS CARDINAUX ET
DE LEURS USAGES.

CEs Points sont l'Orient, l'Occident, le Septentrion & le Midi,
qui sont ordinairement marqués sur les
Cartes l'Orient & l'Occident, parce
que c'est de ces côtés là que le Soleil
se leve & se couche, le Septentrion à
cause de ses sept principales Etoiles,
qui composent la constellation de l'Ourse, & le Midi à cause que dans la Gréce, où l'on a donné ces sortes de noms,
il faut se tourner de ce côté là pour
voir le Soleil à midi, mais il faut remarquer sur cela,

1°. que ces noms d'Orient, d'Occident, de Septentrion & de Midi sont

ou rélatifs, ou abfolus rélatifs, quand on parle d'un pays par rapport à un autre, comme quand on dit que l'Allemagne eft à l'orient de la France, à l'occident de la Pologne & de la Hongrie, au Septentrion d'Italie, & au Midi des Couronnes du Nord : c'eft auffi par-là que l'on voit des pays divifés en orientaux & occidentaux, feptentrionaux & méridionaux, comme Nortjutlande, Sudjutlande, Northollande, & Sudhollande ; Oftfrife & Oueftfrife, Effek, Oueftfek, Nortzée, Zuiderzée, &c. Ces termes font abfolus quand on parle du Monde en général, comme quand on demande fur une Mappemonde de quel côté eft l'Orient, l'Occident, le Septentrion & le Midi, car ces Points cardinaux répondent à autant de plages ou de régions du monde, qui portent le même nom qu'eux.

2°. Il n'eft pas aifé de déterminer précifément quelles font ces régions du monde que l'on appelle de la forte; car quoiqu'on dife en général que les pays qui font au haut de la Carte foient au Septentrion, que ceux qui font en bas foient au Midi, que ceux qui font à la

main droite de celui qui regarde la
carte du bon sens soient à l'Orient, & que
ceux qui sont à la main gauche soient à
l'Occident, néanmoins cela ne laisse
pas de souffrir encore de la difficulté,
car, dira-t-on par exemple, que ceux
qui sont au Chili, à la riviere de la Pla-
ta, au Cap de Bonne-Esperance, aient
leur Midi du côté du Pole Antarctique,
puisqu'ils sont obligés de se tourner
du côté du Pole Arctique, pour voir
le Soleil à midi ; & d'un autre côté,
comment fixer l'Orient dans un point,
puisque ceux qui sont en Amérique
font leur Orient de ce que nous faisons
notre Occident.

Je répons que cela doit être réglé
sur les Anciens qui ne connoissoient
qu'un Hemisphere, qui croyoient que
les Isles Fortunées, que nous appellons aujourd'hui les Canaries, étoient
les dernieres terres de l'Occident ; que
les Seres & les Chinois étoient les premiers Peuples de l'Orient, & que tout
ce qui est par dessous entre ces deux
pays-là, n'étoit qu'une vaste Mer sans
Isles & sans habitans : car alors on pouvoit bien dire que la Chine étoit l'O-

rient abſolu & l'Eſpagne l'Occident abſolu, puiſque le Soleil commençoit les jours artificiels par la Chine, & les finiſſoit par l'Eſpagne. Il faut dire la même choſe des pays ſeptentrionaux & méridionaux.

3°. Il faut remarquer comme nous l'avons déja obſervé, que l'on diſtingue trois Orients & trois Occidents, ſçavoir l'orient & l'occident Equinoxial, l'orient & l'occident d'Eté, l'orient & l'occident d'Hyver; que l'orient & l'occident Equinoxial ſont les endroits de l'Horizon qui ſont coupés par l'Equateur; que l'orient & l'occident d'Eté ſont les endroits où il eſt coupé par le tropique de l'Ecreviſſe; que l'orient & l'occident d'Hyver ſont ceux où il eſt coupé par le tropique du Capricorne.

Tous les jours le Soleil ſe leve & ſe couche en différens points de l'Horizon, plus ou moins éloignés de l'orient ou de l'occident des Equinoxes, & l'arc de ce même Horizon, compris entre l'orient des Equinoxes & le point où le Soleil ſe leve, s'appelle Amplitude orientale, & celui qui eſt compris entre l'occident des Equinoxes & le point où le Soleil se couche, s'appelle Amplitude occidentale.

Pendant le Printems & l'Automne le Soleil s'éloigne sans cesse de l'Equateur, & il s'en approche pendant tout l'Eté & pendant tout l'Hyver, c'est pourquoi les points de l'Horizon où le Soleil se leve & se couche s'éloignent de jour en jour, l'un de l'orient & l'autre de l'occident des Equinoxes, vers le septentrion pendant le Printems, & vers le midi pendant l'Automne, au lieu que pendant l'Eté & pendant l'Hyver ces mêmes points approchent continuellement l'un de l'orient & l'autre de l'occident des Equinoxes.

La connoissance des amplitudes est absolument nécessaire pour trouver sur mer la déclinaison de l'aimant.

Des Paralleles, et de leurs usages.

Quoique l'on doive se figurer autant de paralléles qu'il y a de degrés, ou même de points entre l'Equateur & les Poles, néanmoins on se contente de les marquer sur les Mappemondes de dix en dix degrés, & de cinq en cinq fur les Cartes moins générales : le premier de ces paralléles eft l'Equateur, & après lui les Tropiques & les Cercles polaires font les plus confidérables : les autres le font moins, mais ils ont tous leurs ufages.

Nous avons dit que l'Equateur rend tous les jours égaux aux nuits par toute la terre quand le Soleil y eft arrivé. Les Tropiques & les Cercles fervent à diftinguer les Zones, d'autres à marquer les climats, & tous en général à déterminer la latitude des différens endroits de la terre.

Des Zones.

ON divife le ciel en cinq Zones, qui ont des bandes ou des ceintures, comme le mot le porte, qui entourent le ciel d'orient en occident ; il y en a une au milieu qu'on appelle la Torride, à caufe de la préfence continuelle du Soleil ; deux qui font aux deux extrêmités, & que l'on appelle Froides, à caufe de l'éloignement du Soleil, qui n'en approche que de bien loin ; & deux tempérées, qui font entre les Tropiques & les Cercles polaires : on ne les marque pas fur les globes céleftes, mais la terre eft auffi divifée de la même maniére, & on les marque fur les globes terreftres & fur les Mappemondes, où elles font plus néceffaires que dans le ciel.

Comme il y a cinq Zones dans le ciel, dit Ovide, deux a droite, deux à gauche, & une autre au milieu, Dieu a voulu que la terre fût auffi divifée de la même maniére : celle du milieu, dit-il, n'eft pas habitable, à caufe de fa trop grande chaleur ; les deux autres, qui font aux extrêmités du globe, font toujours couvertes de neige ; mais les deux autres font tempérées, par le mélange qui s'y fait du froid & du chaud.

Il y a deux chofes à difcuter dans ce paffage : la premiere, s'il eft vrai que la Zone Torride & les Zones Froides foient inhabitées & inhabitables ; la feconde, ce que l'on entend ici par la droite & par la gauche : nous parlerons plus loin de cette derniere.

A l'égard de la premiere, je ne vois pas comment les Anciens ont parlé de

la forte, puifqu'ils connoiffoient l'E-
thiopie fous l'Egypte, l'Arabie heu-
reufe & la Taprobane ou l'Ifle de Ceylan, qui font toutes dans la Zone Torride ; & ce n'eft pas-là feulement le
langage des Poëtes, comme Clavius
femble l'avoir cru, mais des autres
Sçavans, comme Ariftote & autres
Philofophes, & même de la plupart
des Géographes. Pline au Livre II. de
fon Hiftoire naturelle, ch. 68. exami-
nant quelle portion de la terre eft habitée, après avoir dit que la mer nous
en a enlevé la moitié, il ajoute que de
ce qui refte, le ciel nous en a encore
plus ôté que l'Océan ; que de cinq parties dont elle eft compofée, il y en a
deux que la rigueur du froid & des ténébres perpétuelles ont dérobé aux
hommes ; qu'une autre eft brulée par
l'ardeur du Soleil ; qu'il n'en refte que
deux qui foient tempérées, mais qu'-
elles ne peuvent fe communiquer l'une
à l'autre, à caufe de l'incendie qui les
fépare ; que dans celle qui nous refte il
y a encore tant de mers qui s'y avancent & qui l'entrecoupent, tant de ri-
viéres, tant de lacs, tant de montagnes,
tant

tant de profondes vallées ou de gouffres, tant de forêts & tant de déserts, qu’il n’y a plus qu’un point qui soit habité ; que c’est ce point qui est la matiére de notre orgueil ; que c’est-là où les hommes excitent tant de tumulte, où ils font des guerres civiles & étrangéres, où ils poursuivent les honneurs, où ils amassent des richesses, où ils chassent les voisins de leurs héritages pour étendre les leurs, &c.

L’expérience & les navigations nous n’appris que les Anciens n’étoient pas assez instruits ou ne raisonnoient pas assez juste sur cet article, qu’il y avoit même des peuples au milieu de la Zone Torride, c’est-à-dire sous l’équateur aussi-bien que dans les Zones froides, & que Dieu avoit donné aux habitans de ce pays-là & aux animaux qui y naissent des tempéramens propres à en supporter la rigueur & des secours qu’il n’a pas donnés aux autres, & qu’il y a même de ces endroits fort tempérés où les Européens vivent fort commodement.

Ce n’est pas sous la ligne où sont les plus grandes chaleurs parce que le Soleil n'y fait que passer , mais sous les Tropiques , parce que le Soleil y reste fort long-tems & qu'il ne donne pas moins à plomb sur les habitans de ce pays là, qu'il fait sur ceux qui sont sous l'Equateur quand il y passe. C'est de-là qu'il fait si chaud à Bassora, au Bender-abassi , à Massalipatan & en quelques autres endroits , mais d'ailleurs quoique l'approche & l'éloignement du Soleil , soit la principale cause du plus ou du moins de chaleur , soit en augmentant ou diminuant à mesure qu'il envoie ses rayons plus ou moins obliquement sur la terre, néanmoins il y a aussi d'autres causes qui concourent à cela, entr'autres la qualité & l'exposition des terres , les plaines ou les montagnes , les lieux couverts ou découverts , les terres séches ou humides , la longueur ou la brieveté des jours , les vents , les pluies , les rosées & autres choses semblables. Sous l'Equateur les jours sont moins longs que sous les Tropiques, les pluies les plus abondantes & les rosées très-copieuses ; on dit qu'à cause de ces choses les raisins ne sçauroient meurir à Malaca.

Scaliger & quelques autres Philoſophes de conſidération, ont cru qu'il devoit y avoir huit ſaiſons dans l'année, ſçavoir deux printems, deux étés, deux automnes & deux hyvers pour ceux qui ſont ſous la ligne, à cauſe que dans un an le Soleil s'approche deux fois d'eux, & s'en éloigne deux fois, qu'un des deux hyvers commenceroit au tropique du Capricorne & dureroit ſix ſemaines juſqu'au milieu du Verſeau ; le printems commenceroit-là & iroit juſqu'à l'Equateur & au commencement du Bélier, là commenceroit & dureroit l'été juſqu'au milieu du Taureau, puis l'automne juſqu'au premier degré du ſigne de l'Ecreviſſe. Là recommenceroit un hyver comme à l'autre tropique, & les autres ſaiſons de ſuite ; mais bien loin de compter 8 ſaiſons dans la Zone torride, on n'y en met ordinairement que deux, ſçavoir l'hyver & l'été, & l'on prend le tems des pluies pour l'hyver, & le tems ſec pour l'été. Dans une petite narration de la Nigritie, il eſt dit qu'au Sénégal & au Cap-vert, ces pluies ſont extrêmement froides, & qu'elles y tombent non pas en simples gouttes d'eau, mais en plaques de la largeur d'un pouce, & que quand elles tombent sur les épaules elles ne sont pas moins froides que les glacons.

Mais comment par-là distinguer les saisons, car il pleut quelquefois pendant un quart d'heure, & il fait beau le quart d'heure suivant, & par cons-s. quent l'on pourra dire que l'on n'est pas tous les jours en hyver & en été ?

Il faut répondre à cela qu'il n'en est pas dans la Zone torride comme dans les Zones tempérées, & que les pluies y durent très-long-tems, & quand la sécheresse a une fois commencé, elle y dure aussi pendant plusieurs jours ; que les pluies y sont si abondantes qu'elles n'y tombent pas en simples gouttes grosses ou menues comme elles font en Europe, mais en gouttieres, comme si l'on versoit de l'eau avec une aiguiere.

Ce sont ces pluies qui font le débordement des rivieres dans la Zone torride qui a tant fait de peine aux Anciens, & c'est le tems serein qui fait sécher ces mêmes rivieres qui deviennent

quelquefois à rien, tellement que dans
le fort de l'été, une partie de l'Afrique
est très aride & que les peuples se font
quelquefois des guerres très cruelles
pour une fontaine ou une méchante ma-
re ; mais le temps précis des pluies &
des debordemens des rivieres n'est pas
le même dans toute la Zone torride,
au-deçà & au-del. de l'Equateur.

Une chose bien extraordinaire dans
cette Zone, est qu'il y a divers endroits
dans une même plage du ciel, dans une
pareille approche ou un pareil éloignement du Soleil & dans les mêmes mois
de l'année, l'hyver & l'été ne sont sé-
parés que par une montagne, comme
dans cette presqu'isle, l'Inde qui est
au-deçà du Gange est la montagne de
Gate, qui la fend comme en deux &
qui sépare les côtes de Malabar & de
Coromandel, & dont la pointe ou
l'extrémité meridionale forme le Cap
Comorin : car l'on dit communément
qu'à cette langue de terre qui n'a pas
plus de trois lieues d'étendue, on trouve en même temps les deux saisons,
l'hyver d'un coté & l'été de l'autre,
des pluies continuelles à l'orient de

cette montagne & un tems fort beau
& fort serein à l'occident.

Vossius dit que la même chose arrive
en Arabie à l'orient & à l'occident,
d'une haute montagne ou plutôt de très-
hauts rochers qui regnent comme un
mur sans discontinuation depuis le fond
du golfe Persique jusqu'aux isles de
Curia Muria, & que cette montagne
fait les deux caps de Moçandan & de
Razalgate, & encore en Ethiopie où
font de très-hautes montagnes depuis
Mazua jusqu'au Cap Guardafui; que
les Espagnols ont observé que la même
chose arrive à Popayan, & que les
Portugais & les Hollandois ont dit
beaucoup de choses semblables dans
les royaumes de Congo & d'Angola.
M. Sanfon Missionnaire en Perse, dit
que ce royaume est disposé de maniere
qu'on n'a souvent qu'à traverser une
montagne pour passer d'un grand froid
à un grand chaud, & le P. Colin
dans l'histoire & la description des Philippines, dit que dans l'isle de Leyté
il y a une montagne qui la sépare en
partie septentrionale, & en partie
méridionale, & que l'hyver est d'un

côté lorsque l'été est de l'autre.

Guillaume Pison dans son histoire naturelle du Brésil, dit que la même chose arrive dans ce pays, que pendant que sur la mer & du côté de l'orient regne l'été & la séchereffe, du côté de l'occident, au-delà des montagnes & des marais, regne l'hyver, les nuées & les pluies, ensorte que dans un si grand voisinage, il semble que les peuples soient Antipodes les uns aux autres, & il ajoute que cela semble surpasser les esprits de tous les Philosophes. Le Pere Tachart dit, que des deux côtés du Cap-Comorin les vents sont toujours opposés & soufflent comme s'ils vouloient se combattre desorte que quand à la côte occidentale ils viennent de l'ouest, à la côte orientale ils viennent de l'est, & que cette diversité de vents surtout quand elle est durable contribue beaucoup a la diversité des saisons, & qu'il peut y avoir des lieux tellement exposés à un vent & tellement à couvert de l'autre, que le froid & le chaud & les impressions qui les suivent se fassent sentir en même tems dans des lieux fort peu éloignés, comme dans d'autres qui le feroient beaucoup davantage.

Je ne fçais fi la Zone tempérée & la Zone froide méridionale, ont quelque chofe de différent de la Zone froide feptentrionale. Jacques le Maire étant au point défiré dans la terre Magellanique, remarqua que les pays méridionaux font à proportion plus froids que les pays feptentrionaux, & que le vent du Sud y eft plus froid que la bife de nos quartiers. On parle auffi de la même maniere du détroit de Magellan & des terres & mers voifines ; mais on a trop peu de connoiffance de ces pays-la pour pouvoir en trouver la raifon.

L'on peut faire ici une queftion fi le féjour de la Zone torride eft plus agréable que celui des Zones tempérées, fur quoi l'on peut dire que l'on regarde ordinairement comme le plus grand agrément des pays chauds, le plaifir d'y voir toujours les arbres verds, mais que l'on s'y accoutume, & que la variété des faifons que l'on a dans les Zones tempérées, pourroit bien avoir quelque chofe de plus agréable que

dans

dans la Zone torride, si l'on n'y ressent pas la rigueur de nos hyvers, on n'y voit rien aussi qui approche de la beauté de nos printems & de nos automnes, que c'est un été perpétuel & très-chaud qui brule toutes les herbes & desséche les campagnes, qui ne conservent leurs gazons qu'environ deux mois après la saison des pluies, sur la fin desquelles il s'engendre une si grande quantité d'insecte, surtout des Maringouins qu'au soir à la chandelle on ne peut presque pas respirer.

Il ne faut pas croire non plus que le voisinage de l'Equateur, soit une cause de la santé ou de la longue vie des hommes par l'égalité imaginaire des saisons : car il y a plusieurs endroits sous l'Equateur où le ciel ni la terre ne sont pas propres pour une bonne santé, comme dans l'isle S. Thomas, dans la Guinée, dans le royaume d'Angole, sur la riviere de Couama & ailleurs où les corps sont brulés par la trop grande chaleur, & où l'on ne vieillit pas, ce qui vient de ce que les vapeurs attirées par le Soleil, qui leur est très-présent, ne sont pas répandues à cause

des calmes & que les eaux y croupif-
fent & ne font pas agitées.

Des Climats.

NOus avons dit que les peuples
qui font fous l'Equateur, ont les
jours toujours égaux aux nuits, qu'à
mefure que l'on s'approche des Poles
les jours croiffent en été & diminuent
en hyver,& que ceux qui font fous les
Poles, n'ont qu'un jour & une nuit
durant toute l'année

Cette inégalité de jours qui a fait les
climats que l'on peut définir, des ef-
peces de Zones ou de bandes de terre
enfermées par deux cercles paralléles
à l'Equateur, entre lefquels il y a une
différence notable dans la longueur ou
la brieveté des jours artificiels ; car il
faut remarquer que le Soleil par la
double vertu qu'il a d'éclairer & d'é-
chauffer, donne occafion à diftinguer
plufieurs effets qu'il produit dans le
monde ; que c'eft par rapport à la chaleur que l'on a divifé le globe en cinq
Zones,& par rapport à la lumiere qu'il
communique, & à la durée de cette

lumiere qu’on la divise en climats.

Quand en partant de l’Equateur, où le jour artificiel est pareillement de 12 heures, pour aller vers les Poles, on est arrivé dans un endroit où le plus grand jour d’été est de douze heures & demie, on est dans un climat dif-férent de l’Equateur, quand on est venu à 13 heures de Soleil levé, c’est un autre climat; à 13 heures & demie, c’en est un autre encore, & ainsi consé-cutivement de demi-heure en demi-heu-re, car c’est de cette mesure de tems que l’on a prise pour faire la différen-ce des climats. On ne peut faire voir par la Sphere le changement des cli-mats qu’en lui donnant à chaque chan-gement une différente inclinaison.

Au milieu de chaque climat on fait passer un autre paralléle qui divise pour ainsi dire le climat non pas en deux parties égales; mais en deux de-mi-climats, différents entre eux d’un quart d’heure de jour, & le climat tire son nom de quelque endroit con-sidérable qui se trouve sous ce paral-léle du milieu.

Les anciens Géographes qui ne con-

noiſſoient qu'une bien petite partie de
la terre, c'eſt-à-dire la Zone tempérée que nous habitons, & qui croyoient
le reſte inhabitable, comme nous avons
dit tant du coté de l'Equateur que du
coté des Poles, n'avoient établi que
ſept climats qui ſuffiſoient à diſtin-
guer tous les pays connus en ce tems-
là; mais il faut remarquer qu'ils n'a-
voient pas mis le premier climat à l'endroit où le jour étoit de douze heures
& demie, mais qu'ils le commençoient
ſeulement en cet endroit, & que le parallele du milieu paſſoit à l'endroit où
le jour étoit de 13. heures. Remarquez
en ſecond lieu, que pour la conſtitu-
tion des climats, il n'eſt pas néceſſaire
que les endroits du monde par où on
les fait paſſer, ſoient habités ou com-
modément habitables, mais qu'il ſuffit d'obſerver une certaine proportion
dans l'augmentation des jours de ces
endroits-là du monde habité ou non.

Cela ſuppoſé ſous le cercle polaire;
le plus grand jour d'été eſt de 24 heures de Soleil levé, ce qui ſurpaſſe le plus
grand jour de ceux qui ſont ſous l'é-
quateur de 24 demi-heures, ce qui

fait qu'il y a 24. climats depuis l'Equateur jufqu'aux cercles polaires.

Quelques-uns difent qu'au-delà de ces cercles on ne compte plus de climats, & d'autres les comptent jufqu'aux Poles ; mais la difference qu'il y a entre ces deux fortes de climats eft que ceux qui font depuis l'Equateur jufqu'aux cercles polaires ne font que de demi-heure en demi-heure, & que ceux qui font depuis le cercle polaire jufqu'aux Poles font différens les uns des autres d'un mois de Soleil levé: car depuis le Cercle polaire jufqu'au Pole les jours n'augmentent plus par de fimples demi heures , mais par des jours entiers , enfuite par des femaines & par des mois.

Comme donc le plus grand jour fous le cercle polaire n'eft que de 24. heures , & que fous le Pole il y a un jour de fix mois entiers , il eft évident que depuis le cercle polaire jufqu'au Pole il y a fix Climats , lefquels étant joints aux vingt-quatre autres font le nombre de trente. Les premiers font appellés Climats d'heures , & les autres Climats de mois.

Les Paralléles qui donno:ent le nom

aux sept Climats des Anciens passoient par Meroé, par Syene sous le Tropique de l'Ecrevisse, par Alexandrie capitale d'Egypte, par Rhodès, par Babylone, par Rome & par l'Hellespont, par l'embouchure du Boristhene, & par les monts Riphées, Dia Meroes, Dia Syenes, Dia Alexandrias, &c.

Comme ils ne connoissoient pas les pays d'au-delà de l'Equateur, ils donnoient aux Climats qui étoient de ce côté-là desnoms rélatifs à ceux qui étoient au deçà, en disant Antidia Meroes, Antidia Syenes, Antidia Alexandrias, &c. c'est-à dire, le paralléle opposé à celui de Meroe, à celui de Syene, à celui d'Alexandrie, &c.

Les Climats sont plus larges du côté de l'Equateur que du côté des Cercles Polaires, c'est-à-dire, que le premier Climat est plus large que le second, le second plus large que le troisiéme, & ainsi des autres, & cette différence se peut voir sur le Méridien où l'on a marqué les Climats. Cela vient de ce que les changemens d'une demi-heure dans la quantité du plus grand jour de-

mande moins d'espace dans une con-
trée septentrionale que dans une méridionale, ce qui est demontré par
Pierre Nuñes Portugais, qui fait voir
que le jour avoit plus en s'avançant
trois dégrés du Septentrion, qu'il ne
décroît quand on en avance trois du
côté du Midi.

On ne peut connoître en quel Climat l'on est en sçachant à quelle heure
le Soleil se leve le 21. Juin, qui est le
plus grand jour de toute l'année dans
tous ces quartiers-ci. A Paris il se leve
un peu avant quatre heures, ce qui fait
seize heures de jour. Il faut en ôter
douze & diviser le reste en demi-heures qui seront au nombre de huit, ce
qui fait que Paris est au troisiéme
Climat.

Les Astronomes & Géographes ne
distinguent plus guéres les Cieux par les
Climats, mais par les élévations du
Pole ou par les dégrés de latitude, ce
qui revient au même, c'est pourquoi
il en faut parler ici.

DE LA LATITUDE OU DE L'ELE-VATION DU POLE.

ON appelle Latitude d'un lieu sur la terre la distance qu'il y a de l'Equateur à ce lieu, en tirant vers l'un ou l'autre Pole, & cette distance est mesurée par l'Arc du Méridien compris entre l'Equateur & le lieu ; ainsi une Ville, un Cap, la source ou l'embouchure d'une Riviere qui seront éloignés de quarante dégrés de l'Equateur, auront aussi quarante dégrés de latitude.

Il ne peut y avoir plus de 90. dégrés de latitude, puisqu'il n'y a que cette distance de l'Equateur aux Poles, mais aussi il y a deux sortes de Latitude, sçavoir la septentrionale & la méridionale.

Tous les dégrés de latitude sont égaux entr'eux, puisqu'ils sont tous dégrés de grands cercles.

La différence des Latitudes marque la différente situation des parties de la terre vers le Nord ou vers le Sud les unes à l'égard des autres,

On dit d'une Ville, d'un Cap ou autre lieu particulier, qu'il eſt à un tel ou un tel dégré de latitude ; mais à l'égard d'un pays qui a quelque étendue, il faut dire qu'il eſt entre un tel & un tel dégré de latitude.

La Latitude & l'Elevation du Pole reviennent au même, comme l'on a dit ci-deſſus, c'eſt-à dire, qu'une Ville qui a 40. dégrés de latitude, a auſſi 40. dégrés d'élevation du Pole, & cela eſt aiſé à concevoir, ſi l'on imagine qu'une perſonne qui eſt ſous l'Equateur n'a aucune latitude, puiſque la latitude eſt l'éloignement de l'Equateur, & qu'il n'a non plus aucune élevation du Pole, puiſque les Poles du monde ſont dans l'Horizon de ceux qui ont la Sphere droite. Que ſi cette perſonne s'avance dix dégrés du côté du Pole, il aura dix dégrés de latitude, & en même tems ſon Horizon s'étant abaiſſé de dix dégrés au-deſſous du Pole, il aura auſſi le Pole élevé de dix dégrés au-deſſus de l'Horizon.

On conclut de l'élevation du Pole le jour par la hauteur méridienne du Soleil, & la nuit par celle de quelque

étoile. Quand on veut l'avoir bien exacte , il faut avoir un quart de cercle de
cinq ou six pieds de rayon, ou un arc de
trente ou quarante dégrés ; mais l'embarras de ces inſtrumens, & l'appareil
qu'il faut pour s'en ſervir, fait qu'ils
ne ſont guéres d'uſage que dans les
Obſervatoires. Au défaut de ceux-là
on prend un demi-cercle d'un ou deux
pieds de rayon, un Aſtrolabe ou un
Anneau aſtronomique.

Au-delà de la Ligne les Mariniers
prennent hauteur par la Croix ou le
Cruzero & par l'Etoile qui eſt au pied
de cette Croix , qui eſt éloignée de
trente dégrés du Pole antarctique, cela
eſt difficile à cauſe qu'il faut prendre
ſa hauteur quand elle paſſe au Méridien, ce qui n'arrive que dans un moment de la nuit, & c'eſt ce qui fait
que l'on prend ordinairement la hauteur par celle du Soleil, comme l'on a
dit ci-deſſus.

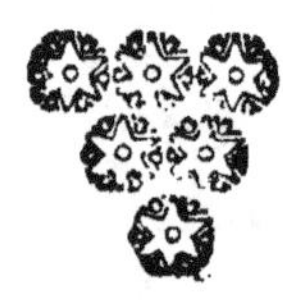

Des Meridiens et de leurs usages.

NOus avons dit que les Méridiens étoient des cercles qui paſſoient par les Poles du monde & par le Zenith des perſonnes, qui coupoient l'Horizon en Equateur à angles droits, & qui fait le midi pour tous ceux qui ſont ſous ce cercle.

Il y a une infinité de Méridiens, & l'on peut dire qu'il eſt midi pour quelque perſonne à chaque moment du jour, car qu'il y ait cent perſonnes rangées ſous un paralléle d'orient en occident, il eſt vrai de dire, en parlant à la rigueur, que celui qui eſt plus oriental a midi plutôt que celui qui eſt immediatement après lui, & que le Soleil ſe leve & ſe couche plutôt pour ceux qui ſont orientaux, que pour ceux qui ſont plus à l'Occident.

On ne les marque ſur les Globes que de dix dégrés en dix dégrés, comme nous avons dit des paralléles, & de cinq dégrés en cinq dégrés ſur les Cartes moins générales, mais il faut ſe figurer les autres.

Un des principaux usages des Méridiens est de marquer la longitude, comme un des principaux de l'Equateur est de marquer la latitude, mais il faut pour cela trouver le premier Méridien, d'où l'on commence à compter de l'Equateur, qui est le premier & le plus noble de tous les paralléles, ce qui n'est pas aisé, parce que tous les points du Ciel roulent d'orient en occident, & que par-là on ne trouve aucun point sur la terre, considérée selon le rapport de ses parties avec les parties du Ciel, que l'on puisse choisir plutôt qu'un autre pour servir de terme ou de commencement, au lieu que pour la latitude les Poles qui sont immobiles nous ont tiré de cet embarras; car on les a pris, & avec raison, pour les bornes & la fin de la latitude, & un grand cercle également éloigné des deux Poles pour son commencement.

Comme donc la nature n'a rien marqué pour donner quelque préférence à un Méridien sur les autres, & qu'il n'y en a point de plus distingué, les Astronomes prennent ordinairement pour leur premier

Méridien celui du lieu où ils font leurs observations, comme Ticho-Brahé a pris celui d'Uranibourg, & que Messieurs de l'Observatoire ont pris le Méridien de Paris.

Les Pilotes prennent aussi fort souvent pour leur premier Méridien celui du lieu de leur départ, ou, comme ils disent, de leur partance, & ils lui comparent celui de l'endroit où ils arrivent tous les jours : (les Anglois comptent ordinairement du cap Lezard ;) mais comme il n'y a rien de réglé dans tout cela, & qu'en suivant cet usage il y auroit autant de premiers Méridiens que d'endroits où l'on feroit des observations, & de ports d'où les Pilotes commenceroient leurs navigations. Les nations de l'Europe, sur-tout celles qui font des voyages de long cours, se sont données chacune un premier Méridien, qui sert communément aux Pilotes de la nation.

Les Anciens ont placé ce premier Méridien aux Isles Fortunées, que nous appellons aujourd'hui les Canaries, qui étoient les dernieres terres qu'ils connoissoient en Occident, & cela est très-raisonnable; car d'où pouvoit-on mieux commencer à compter les longitudes que du bout du monde, si l'on ose parler de la sorte, & des Isles au-delà desquelles on ne croyoit pas qu'il y eût aucune terre, mais seulement une vaste mer, d'une étendue que l'on ne connoissoit pas, & que l'on croyoit servir de bornes à l'habitation des hommes; & ils ne devoient pas le placer dans les dernieres terres du côté de l'orient pour deux raisons : la premiere, parce qu'ils ne le connoissoient pas; la seconde, parce que la longitude céleste qui mesure le mouvement particulier des planettes, se prenant d'occident en orient le long du Zodiaque, la longitude de la terre devoit se compter à peu près de la même façon.

Pour les Modernes, il semble que dans une chose arbitraire comme celle-là, ils auroient dû se conformer à ce sentiment des Anciens, & parler le même langage qu'eux, néanmoins on en voit beaucoup qui l'ont placé autrement, comme on vient de dire. En France je crois qu'on le fit passer d'abord aux Canaries, comme on voit par les voyages du Capitaine Alphonse, qui dit que le premier Méridien, qu'il appelle *la ligne de diamétre*, passe par-dessus l'Isle de Fer ; mais depuis que Mercator l'eut mis aux Açores, l'autorité de ce grand homme attira plusieurs personnes dans son sentiment, & il semble qu'en France il fut le plus suivi, quoiqu'il fût libre à un chacun de faire là-dessus tel systême que bon lui sembloit, car on croit que le Capitaine Beaulieu, qui conduisoit une flotte aux Indes l'an 1619. le supposoit au cap de Bonne-Espérance, à cause que l'aiguille aimantée ne déclinoit pas en ce lieu-là ; mais l'an 1630. après l'examen de quelques Sçavans qui s'étoient assemblés pour ce sujet à l'Arsenal par ordre du Roi, Sa Majesté ordonna qu'il seroit placé à l'Isle de Fer, la plus occidentale des Canaries.

Il étoit de conséquence de faire un réglement là-dessus, afin que les gens de mer s'entendissent plus facilement, & que l'uniformité de leur langage contribuât à une plus grande sureté de leurs navigations, mais il y avoit en cela encore une raison politique. Les Espagnols qui jouissoient alors, non-seulement de leurs propres conquêtes, mais aussi de celles des Portugais, vouloient empêcher toutes les autres Nations de faire aucun commerce aux Indes orientales ou occidentales, sous prétexte qu'on les alloit troubler dans la jouissance de ce qu'ils avoient conquis ; mais aucun Prince de l'Europe ne vouloit convenir de cette prétention, & ne pouvoit se persuader que qui que ce fût eût droit de les exclure d'un commerce qui leur étoit ouvert par le droit des gens.

Ces prétentions réciproques causoient des batteries entre les Nations, quoiqu'elles fussent d'ailleurs en paix les unes avec les autres ; mais pour sauver la bonne foi des traités, les hostilités ne se faisoient qu'en pays éloignés, je veux dire au-delà du premier Méridien & du tropique de l'Ecrevisse ; deux lignes imaginaires bornoient les amitiés des Princes, & au-delà de ces lignes ils n'avoient plus de ménagement les uns avec les autres : tel étoit l'usage de ce tems-là, & la disposition des traités ; cela se voit évidemment par l'extrait

d'une

d'une Lettre que la Reine Marie de
de Medicis, alors Régente en France,
écrivit l'an 1613. au Roi de la Grande
Bretagne, au sujet de quelques vaisseaux
Espagnols qui avoient attaqué des vaisseaux François au-delà de ces bornes,
& que les François avoient pris ; car il
est dit expressément dans cette Lettre,
» Que le Roi de France n'a jamais re-
» connu le Roi Catholique pour Sei-
» gneur des Indes ni de l'Amérique,
» parce qu'il y avoit autant de droit
» que lui, & que ce droit lui étoit
» commun avec tous les autres Princes
» de l'Europe, qui ne reconnoissoient
» tous aucun traité de paix au-delà du
» Méridien des Açores pour l'Ouest,
» & du tropique du Cancer pour le Sud,
» & que cela se voit par tous les traités
» faits depuis le Roi François I. & par
» tout ce qui a été pratiqué depuis ce
» tems-là.

Cet extrait est rapporté par Berge-
ron, Ecrivain curieux, dans son Traité
de la Navigation. M. de la Mothe le
Vayer, dans la Géographie du Prince,
imprimée en 1651. répéte les paroles de
la Reine, en disant *qu'on ne reconnoît*

aucun traité de paix au-delà du Méridien des Açores ; mais il devoit dire au-delà du Méridien de l'Isle de Fer, car les bornes étoient alors changées, comme nous avons dit ci-dessus, puisque dès l'an 1634. le Roi avoit permis à ses Sujets d'attaquer les Espagnols & les Portugais au-delà de ce Méridien & du tropique de l'Ecrevisse, quand ils y trouveroient leur avantage, jusqu'à ce que lesdits Espagnols & les Portugais eussent souffert le commerce des François dans les terres & dans les mers des Indes & de l'Amérique.

Et parce que j'ai vu des personnes qui doutoient que cela fût ainsi, & qui croyoient que ce réglement n'avoit jamais été fait : pour rendre la chose plus sûre, je rapporterai ici l'extrait de la Déclaration que le Roi en fit, afin que l'on puisse plus facilement juger si les prises auront été bien ou mal faites, & que le premier Méridien auquel elles ont été bornées, les amitiés & les alliances » soit mieux reconnu qu'il n'a » été depuis quelque tems, après que » notre cher & bien aimé cousin le » Cardinal Duc de Richelieu, Pair &

» Grand Maitre, Chef & fur-Inten-
» dant de la Navigation, Nous faifons
» inhibition & deffenfe à tous Pilo-
» tes, Géographes, Compofiteurs &
» Graveurs de cartes & globes géogra-
» phiques, d'innover & de changer
» l'ancien établiffement des Méridiens,
» ni de conftituer le premier d'iceux
» qu'en la partie la plus occidentale des
» Ifles Canaries, conformement à ce
» que les plus anciens & fameux Géo-
» graphes en ont déterminé, & partant
» voulons que déformais ils ayent à
» reconnoître & placer dans leurfdits
» globes & cartes ledit premier Méri-
» dien en l'Ifle de Fer, comme la plus
» occidentale defdites Ifles, & comp-
» ter de-là le premier degré des longi-
» tudes en tirant en orient, fans s'ar-
» rêter aux nouvelles inventions de
» ceux qui, par ignorance & fans fon-
» dement, l'ont placé aux Açores, fur
» ce qu'en ce lieu aucuns Navigateurs
» auroient rapporté l'aiguille n'avoir
» point de variation, étant certain
» qu'elle n'en a point en plufieurs en-
» droits qui n'ont jamais été pris pour
» le premier Méridien. Si donnons en

A a ij

» mandement, &c. Donné à Saint
» Germain en Laye le premier Juillet
» 1634.

Ceux qui sont différens en longitude, c'est-à-dire ceux qui sont sous de différens Méridiens, ont aussi des heures différemment les unes des autres; les plus orientaux ont le point du jour, le midi & la nuit plutôt que ceux qui sont en Occident, si-bien qu'un homme qui sera plus oriental qu'un autre de quinze degrés, aura le commencement du jour une heure plutôt que lui, & un autre qui sera plus oriental de quatre-vingt-dix degrés, aura le jour six heures plutôt; enfin si l'on étoit cent quatre-vingt degrés plus à l'Orient qu'un autre, on commenceroit à avoir le jour lorsque cet autre commenceroit à être dans les ténébres.

L'on peut voir par-là que quoiqu'on se figure le Méridien comme un cercle entier, néanmoins ce n'est, à proprement parler, qu'un demi-cercle, car l'autre moitié de ce cercle qui est sous l'Horizon est un autre Méridien, puisque ceux qui sont sous ces deux demi-cercles n'ont pas les mêmes heures, mais

les heures oppofées, l'un midi, & l'autre minuit.

On voit encore qu'un voyageur qui
feroit fa route d'occident en orient,
verroit tous les jours le Soleil fe lever
& fe coucher plutôt que ceux qu'il auroit laiffés dans le pays, & que plus il
s'avanceroit du même côté, plus le Soleil fe leveroit matin pour lui,& fe coucheroit auffi de meilleure heure pour
lui que pour ceux qui feroient reftés ;
mais il arriva une chofe bien extraordinaire à ceux qui firent les premiers le
tour du monde dans le vaiffeau que l'on
nomme la Victoire, car quand ils furent de retour en Efpagne, il fe trouva
qu'ils avoient perdu un jour, & que
s'ils comptoient le Dimanche , ceux
qu'ils avoient laiffés en Efpagne comptoient le Lundi.

Cette diverfité parut d'abord fi étrange que l'on crut qu'elle ne pouvoit pro-
venir que de la faute des uns ou des
autres, quoiqu'on ne pût néanmoins fe
figurer comment cela pouvoit être arrivé,car le moyen que l'équipage entier
d'un vaiffeau où l'on marque fi exactement le tems & où plufieurs perfonnes

font obligées de faire des journaux, puiſſent oublier à marquer un jour, ou qu'u-
ne nation entiere en compte un plus qu'il
ne faut, cela paroît & eſt effectivement impoſſible, à moins qu'il ne ſur-
vienne un ordre général ou que cela
ſe faſſe par une délibération & un
conſentement univerſel, & quand
cela ſeroit arrivé une fois, au moins
n'arriveroit-il pas deux, & cependant
ceux qui font le tour du monde de la
même maniere, font tous la même
perte. Il faut donc que cela arrive naturellement & néceſſairement, & cela
eſt fort vrai, il n'y a qu'à examiner
la choſe en elle-même, comme nous
allons faire.

Le Soleil faiſant un tour entier dans
24. heures, doit faire 15 degrés par
heure & par conſéquent un homme
qui ſera 15 degrés plus oriental que
moi, aura midi une heure plutôt que
moi. Un autre qui ſera 90. degrés plus
oriental ſera à minuit quand je ne ſe-
rai encore qu'à 6 heures du ſoir, &
commencera le dimanche lorſque j'au-
rai encore 6 heures du ſamedi à parcourir; s'il s'avance juſqu'à 180 degrés

plus à l'orient que je ne suis., il commencera le dimanche que je serai encore à midi du samedi ; enfin si ce
voyageur fait le tour entier , il commencera le dimanche 24. heures avant
moi, c'est-à-dire qu'il fera le dimanche
lorsque ceux qui seront restés ne feront
que le samedi.

Ainsi de deux personnes qui sont nées
en même tems & morts en même
tems , il se peut faire que l'un aura vécu plus de jours que l'autre.

Le contraire arriveroit à un autre
qui feroit le tour du monde du coté
de l'occident, quand il seroit éloigné
de 15 degrés de nous , il auroit encore
une heure de jour lorsque le Soleil se
coucheroit pour nous , plus il s'avanceroit plus il gagneroit sur nous , enfin
quand il auroit fait un tour il commenceroit le samedi quand on commenceroit le dimanche au lieu d'où il seroit
sorti ; & c'est ce qui se trouva lorsque
l'on fit la premiere fois le tour du
monde.

C'est par-là que l'on montre encore
qu'il peut y avoir une semaine à 3 jeu-
dis ; car si l'on suppose que deux per-

fonnes qui ont fait le tour du monde,
l'un par l'orient, & l'autre par l'occident arrivent en même tems à la Ro-
chelle, celui qui aura été par l'orient
fera le jeudi, lorfque ceux qui font
reftés feront le mercredi, le lendemain
ceux qui font reftés feront le jeudi, &
le jour fuivant celui qui aura pris fa
route par l'occident fera feulement le
fien ; mais on a ordonné qu'en pareil
cas , les voyageurs fe conformeroient
à ce qui feroit obfervé dans les lieux où
ils arrivent.

DE L'ORIENT ET DE L'OCCIDENT.

S'Il eft vrai, comme il n'en faut point
douter, que le jour commence à
chaque moment & finit auffi à chaque
moment pour quelque endroit du monde, & que tous les points de la terre qui
fe trouvent fous un même parallele,
font orientaux par rapport aux uns &
en même tems occidentaux par rapport
aux autres ; on peut demander s'il n'y
a point donc d'endroits dans le monde
que l'on puiffe abfolument appeller l'O-
rient & l'Occident où le jour commen-

ce

ce & où il finisse : car enfin il me semble que c'est une nécessité de sçavoir,
au moins à un Chretien, quel est le méridien qui commence le dimanche &
les fêtes, & quels sont par conséquent
les peuples qui chomcnt les premiers
les fêtes & qui récitent les premiers
l'office du jour.

Il est évident, par ce que nous avons
dit qu'il n'y a rien dans le cours du
Soleil qui puisse servir à déterminer
cela, & qu'il en faut chercher la réso-
lution dans l'usage & dans le hazard
qui aura donné occasion à cet usage,
sur quoi il faut remarquer que ce sont
les Européans qui ont porté jusqu'aux
extrémités, à l'Orient la célébration du
dimanche & des fêtes, & autres usages
du Christianisme attachés à tels ou à
tels jours de la semaine ; ainsi il semble que ce sont ceux qui sont établis
dans les parties les plus orientales qui
doivent commencer à célébrer les fêtes, sçavoir les Espagnols qui sont
dans les Isles Mariannes.

Neanmoins comme nous avons dit,
que ceux qui font le tour du monde
en tirant en Orient gagnent un jour, &

que ceux qui le font en tirant en Occident en perdent un , & que les Espagnols qui sont allés dans ces pays par l'Occident y ont trouvé les Portugais qui y étoient allés par l'Orient, il faut qu'il y ait dans ces endroits la différence d'un jour entier entre les deux nations , les Portugais ayant gagné un demi-jour , & les Espagnols en ayant perdu la moitié d'un.

Dampier voyageur Anglois , étant allé aux Isles Mariannes par la mer du Sud trouva que les Espagnols de l'isle de Guan comptoient les jours comme eux , parce qu'ils avoient, dit-il, établi cette colonie en venant par l'Occident , premierement d'Espagne en Amérique & d'Amérique aux isles des Larrons ; mais il avoue qu'il ne sçait pas comment on comptoit aux Philippines n'étant pas certain s'ils suivent le calendrier qu'ils y ont porté ou s'ils l'ont reformé suivant la supputation des Portugais , des Hollandois & des Anglois qui vont dans ces endroits par une route différente.

Dampier pouvoit s'instruire par la lecture des autres voyageurs , de ce

qu'il n'avoit pas appris par sa propre
expérience : car il est certain par le
rapport de plusieurs personnes que les
Espagnols des Philippines célebrent les
fêtes comme ils les célebrent aux isles
Mariannes , & qu'il n'y avoit point de
nécessité de changer leurs calendriers,
& il n'est pas moins certain que les
Portugais qui sont à Macao & à la
Chine , quoique sous un même méridien que les Espagnols des Philippines,
sont néanmoins différens d'eux d'un
jour entier , que ceux de Macao ont
un jour avancé & ceux des Philippines
en ont un reculé.

Acosta dit que le P. Alonse Sanchez
étant parti des Philippines & étant arrivé à Macao le 2ᵉ. de Mai , selon son
compte , il voulut faire l'office de S.
Athanase , mais qu'il trouva que l'on
y faisoit la fête de l'invention de Sainte
Croix, parce qu'ils comptoient là le 3ᵉ.
jour du mois , & qu'il lui en arriva autant dans un autre voyage.

Le P. de Rhodès dans ses divers
voyages de Cramoisi 1666. pag. 140.
remarqua qu'étant parti de la Cochin-
chine le 2ᵉ. de Juillet 1641 il arriva le

28 du même mois à Bolinao, port des
Philippines, le jour du dimanche ; mais
qu'on ne comptoit dans l'isle que le
27. qu'il avoit mangé de la viande le
matin & que le soir il s'apperçut que
l'on y faisoit maigre parce qu'on y
étoit encore au samedi : par où l'on voit
que ce sont les Portugais & autres Européans qui vont par Orient dans ces
pays lointains qui sont les premiers à
célébrer les fêtes.

DE LA MANIERE DE PRENDRE LES LONGITUDES,

JUsqu'ici on n'a gueres connu les
longitudes que par les éclipses de la
Lune ; comme les heures sont toutes
différentes dans tous les méridiens, on
observe à quelle heure l'éclipse a commencé en divers endroits & par la différence que l'on trouve dans le tems
on juge de la différence des méridiens.
Par exemple si une éclipse commence à
minuit à Agra & qu'il ne soit que 6 heure à Paris, cette différence de 6 heures
me fera conclure qu'Agra est éloigné
de Paris de 6 fois 15 degrés, parce que

le Soleil fait 15 degrés par heures &
par conséquent qu'il y a 90. degrés de
Paris à Agra, mais il faut avoir des
horloges justes qui marquent les minutes & les secondes & qui soient
montées au Soleil, car pour peu que
l'on se trompe dans le tems, cela fait
une grande erreur pour les méridiens.

Il faut aussi avoir observé bien exactement quand l'éclipse commence,
c'est-à-dire quand l'ombre de la terre
commence à entrer dans le corps de
la Lune, ce qui n'est pas bien aisé à
cause d'une fausse ombre qui précéde
la véritable & que l'on appelle Penom-
bre & qu'il n'est pas facile de les bien
distinguer l'une de l'autre.

Quand on a bien reconnu la véritable ombre, les taches qui sont dans la
Lune sont d'un merveilleux secours,
car on voit à quel moment l'ombre
entre dans ces taches ; ce qui sert autant que le commencement & la fin
de l'éclipse, par où l'on voit la nécessité & l'utilité d'avoir une représenta-
tion bien juste de la Lune & que les figures que l'on en donne ne servent pas
simplement à contenter la curiosité.

B b iij

Au reste on se sert des éclipses de la Lune & non pas de celle du Soleil, parce que quand la Lune est éclipsée elle l'est pour tout le monde, au lieu que quand le Soleil est éclipsé pour un endroit il ne l'est pas pour un autre.

Aujourd'hui quoiqu'on se serve à l'ordinaire des éclipses de la Lune, que l'on observe avec plus de précaution & plus de précision que l'on ne faisoit autrefois, on se sert aussi des satellites de Jupiter. Nous avons dit que la planette de Jupiter étoit accompagnée de 4 petites étoiles, que l'on appelle ses Satellites, qui sont tous quatre dans des éloignemens différens de la principale planette, qui tournent continuellement autour de lui & qui achevent leur tour en plus ou moins de tems, selon qu'ils en sont plus ou moins éloignés.

En faisant leur tour ils entrent dans l'ombre de Jupiter & en sortent, ce que l'on appelle les Immersions & les Emersions: or en remarquant en différens endroits le moment de ces immersions & de ces émersions, on connoît par la différence du tems, la dif-

férence des longitudes. Dans la connoiſſance des tems de l'an 1703. on a
rapporté quelques éclipſes de ces ſatellites obſervées en mêm̃e tems à Paris,
à Marſeille, à Rome & à Boulogne, par
leſquelles on a conclu la différence des
méridiens de ces villes-là, par où l'on
voit l'uſage de ces obſervations. Au
reſte les éclipſes du premier ſatellite
ſont préférables à celle des autres, à
cauſe de la plus grande viteſſe de
ſon mouvement, auſſi arrivent-elles
plus ſouvent que les autres, ce qui
fait qu'en réitérant les obſervations on
peut s'aſſurer davantage des longitudes.

M. Caſſini a fait des tables par leſquelles on peut connoître à quel jour
& à quelle heure le premier ſatellite
doit s'éclipſer pour le méridien de Paris:
ainſi en quelque endroit du monde
que l'on faſſe des obſervations, il eſt
aiſé à voir par le moyen des tables à
quelle diſtance on eſt du méridien de
Paris. Ces tables ſont imprimées dans
les voyages de l'Académie, mais comme il faut bien du tems pour rendre
les choſes parfaites, on a averti dans

la Connoiſſance des tems de l'an 1703.
qu'il falloit ôter 5. minutes du tems
marqué par les immerſions & les émerſions, à cauſe d'une plus grande ac-
célération du premier ſatellite, que l'on
a vérifiée depuis l'édition de ces tables.

Enfin on peut déterminer les longitudes Géographiques par le moyen des
étoiles quand elles ſont éclipſées par
la Lune, qui eſt une nouvelle maniere
miſe en uſage par Meſſieurs de l'Academie, qui marquent dans la Connoiſſance des tems, pluſieurs immerſions &
émerſions de ces étoiles calculées pour
le méridien de Paris, ſur quoi il faut
remarquer que ces étoiles ne ſçauroient
être que celles qui ſont dans le Zodiaque, de quoi il ne paroiſſoit pas même
néceſſaire d'avertir.

DES PERIECIENS, DES ANTECIENS, ET DES ANTIPODES.

CE n'eſt qu'après l'établiſſement
des longitudes que l'on peut parler des Antéciens, des Périeciens, & des
Antipodes, & c'eſt ce qu'on appelle ſur
le globe les différentes poſitions ou ſi-

tuations des hommes par rapport à leurs méridiens & à leurs paralleles.

On appelle Périeciens ceux qui font fous un même parallele & fpécialement ceux qui répondent à des parties oppofées du méridien, comme font par exemple les habitans du Mexique & de Surate; d'où il s'enfuit que les Périeciens font dans la même zone, dans le même climat & dans la même latitude, qu'ils ont en même-tems les mêmes faifons & les jours également longs; mais qu'ils font différens en longitude & qu'ils ont les heures oppofées, enforte que les uns ont leur midi quand il eft minuit pour les autres.

Les Antéciens font ceux qui habitent fous un même méridien, mais fous des paralleles oppofés, c'eft-à-dire également éloignés de l'Equateur, comme font ceux du Cap de Bonne-Efpérance & ceux du Cap Matapan, d'où il arrive qu'ils ont la même longitude & la même latitude, mais de différens côtés de l'Equateur; qu'ils ont les mêmes heures & en même tems, mais qu'ils ont les faifons oppofées, c'eft-à-dire, que quand les uns ont l'Eté, les autres ont l'Hyver ; quand ceux-ci ont l'Automne, ceux-là ont le Printems.

Enfin les Antipodes font ceux qui font diamétralement oppofés, c'eft-à-dire, fous des paralléles également éloignés de l'Equateur, & fous des Méridiens oppofés, & ceux-là ont le jour & la nuit, l'Hyver & l'Eté en divers tems.

Les Anciens n'ont pas été d'accord fur l'exiftence ou même fur la poffibilité des Antipodes : il y en a qui ont prétendu qu'il y en avoit, mais ils appelloient Antipodes ceux que nous appellons Anteciens, comme ceux de la Zone tempérée méridionale, encore n'alloient-ils pas quelquefois jufquelà ; car Pline (Liv. vj. chap. 229.) affure que la Taprobane, que nous appellons aujourd'hui Ceylan, a été longtems appellée le Monde des Antipodes. Il n'étoit queftion parmi eux que de fçavoir fi la Zone temperée méridionale étoit habitée. Il femble que Ciceron l ait cru dans le fonge de Scipion, c'eft au moins ce que Macrobe tâche de prouver dans l'explication de ce fonge. Si quelqu'un, dit cet Auteur, ne veut pas croire ce que nous avançons , qu'il y a des hommes dans ces endroits - là , qu'il dise ce qui l'empêche d'y ajouter foi. Si nous vivons dans cette partie que nous habitons , parce que nous marchons fur la terre, & que nous avons le ciel au-deffus de nous , parce que le Soleil fe leve & fe couche pour nous , parce que nous refpirons l'air qui eft autour de nous , pourquoi ne croyons-nous pas qu'il y ait auffi des hommes vivans dans cette autre partie où ils doivent jouir des mêmes avantages ?

Et afin que l'on voie que Ciceron appelle ces gens-là nos Antipodes, Macrobe rapporte fes propres paroles, qui font que ceux qui habitent cette Zone méridionale , ont leurs pieds oppofés aux nôtres, *in quo (auſtrali cingulo) qui adverfa nobis urgent veſtigia.*

D'autres ont cru que cela ne pouvoit pas être , & l'on parle fur-tout de Lactance & de Saint Auguftin. Le premier emploie tout le Chapitre 24. du troifiéme Livre de fes Inftitutions divines à fe moquer de ceux qui croient que la terre eft fufpendue au milieu du

Ciel, comme nous la mettons. On luì
répond que le Soleil en quelque endroit
eft toujours en haut, & la terre toujours
en bas , & que plus une chofe eft au
milieu d'un tout , plus elle eft baffe, &
cette réponfe même fe trouve dans
Lactance. Si vous demandez , dit-il, à
ces gens-là qui défendent ces opinions
monftrueufes , comment les chofes ne
tombent pas dans cette partie inférieure du Ciel , ils répondent que telle
eft la nature des chofes péfantes, qu'elles fe portent vers le milieu ; mais il
ne s'y rend pas , difant qu'il y a de la
peine à faire revenir ceux qui fe font
une fois écartés du chemin de la vérité;
& qu'il a bien d'autres chofes à faire
qu'a prendre fon tems pour les ré-
futer.

Saint Auguftin fe déclare auffi nettement fur ce chapitre des Antipodes,
au Livre 6. de la Cité de Dieu, chap.
9. où il dit que quant à ce qu'on raconte fabuleufement, qu'il y a des Antipodes , c'eft-à-dire des hommes qui
font dans une partie de la terre oppofée à la nôtre ; que le Soleil fe leve
pour eux quand il fe couche pour nous,

& qu'ils ont leurs pieds opposés aux nôtres, il ne le faut croire en aucune façon ; que l'on ne dit pas cela fondé sur aucune connoissance tirée de l'histoire, mais seulement par conjecture, à cause que l'on croit que cette partie de la terre qui est en bas ne peut être sans habitans ; mais qu'on ne prend pas garde que cette partie peut être couverte d'eau, & que quand elle seroit découverte, il n'est pas nécessaire qu'il y ait des hommes ; que l'Ecriture n'en parle pas, & que c'est une chose trop absurde que des hommes aient pu passer de ces quartiers-ci dans ceux-là, en traversant l'immensité de l'Océan, &c.

Acosta prétend que ce n'est pas par ignorance de la nature que S. Augustin a nié les Antipodes, puisqu'il dit au Livre des Catégories chap. x. que les Anciens tiennent que la terre de tous côtés est en bas, & le ciel par-dessus, à raison de quoi les Antipodes, qu'ils disent cheminer au contraire de nous, ont de même que nous le ciel par-dessus leurs têtes ; qu'ainsi il n'y a que la difficulté du passage des hommes

dans ces pays-là qui l'ait retenu dans
son opinion.

Cela est confirmé par Vivès dans
son Commentaire sur les Livres de la
Cité de Dieu, où il dit que Ciceron
& autres graves Auteurs ont cru qu'-
entre nous & les Antipodes étoit ré-
pandu le très-grand Océan que personne n'avoit jamais pénétré, & que
Saint Augustin croyant bien que si l'on
avouoit qu'il n'y avoit point de passage ouvert pour ceux qui habitent
dans la Zone temperée Septentrionale
pour aller dans la Méridionale, il s'en-
suivroit nécessairement que ces gens-là
ne seroient pas de la race d'Adam, il
aima mieux nier qu'il y ait des hommes,
que d'être pressé par un argument aussi
fâcheux que celui-là.

Cette difficulté n'étoit pas encore
levée dans le huitiéme Siécle; car Aven-
tin dans ses Annales des Boïens rapporte que Vigile, Evêque de Saltz-
bourg plus sçavant dans les Mathématiques que ne l'étoient les Chrétiens
de ce tems-là, ayant enseigné qu'il y
avoit des Antipodes, Boniface, Legat
du Pape Zacharie en ce pays-là, l'avoit

preſſé de ſe dédire, comme voulant introduire un nouveau monde & de nouveaux hommes ſur la terre ; que Vigile tâcha de rendre Boniface odieux à Utilon Duc des Poïens, mais qu'étant lui-même appellé à Rome par-devant Zacharie, ſa cauſe y fut condamnée.

Juſques-là on ne pouvoit encore agir que par conjectures dans la queſtion du fait ; mais par la découverte que l'on fit à la fin du quinziéme & au commencement du ſeiziéme Siécle des Indes Occidentales, on reconnut évidemment que les Habitans étoient Antipodes à ceux des Indes Orientales ; & pour l'explication de la choſe on dit que la nature de chaque Tout, eſt d'avoir un Centre, qui eſt comme une eſpéce de nœud & de lien pour l'union & la conſervation de toutes ſes parties, & même pour celle du Tout. Pour ce qui eſt de la maniere dont les hommes ont pu paſſer juſques dans ces endroits, c'eſt ce qui n'eſt pas encore aſſez éclairci.

DES AMPHISCIENS, DES HETEROSCIENS ET DES PERISCIENS.

EN considérant de la maniere dont le Soleil éclaire les différentes parties de la Terre dans sa révolution annuelle, on a remarqué que les unes étoient toujours éclairées d'un même côté, les autres de différens côtés, & les autres de tous côtés, mais successivement; & c'est ce qui a fait que l'on a donné différens noms à ceux qui les habitent, par rapport à leur ombre, lorsque le Soleil les éclaire à l'heure de midi.

Ceux qui habitent entre les Tropiques ou dans la Zone Torride ont leur ombre des deux côtés, sçavoir vers le Nord, lorsque le Soleil est du côté du Sud à leur égard, & vers le Sud lorsque le Soleil est du côté du Nord, & ils sont pour cette raison appellés Amphisciens d'un mot grec qui signifie à l'ombre de deux côtés.

Ceux qui habitent dans les Zones temperées n'ont jamais l'ombre que d'un même côté, sçavoir ceux qui sont

dans

dans la Zone tempérée septentrionale vers le Nord, & ceux qui sont dans la méridionale vers le Sud, & ceux-là sont appellés Hetérosciens, c'est-à-dire, qui n'ont l'ombre que d'un côté.

Enfin ceux qui habitent dans les Zones froides voient tourner le Soleil, & leur ombre par conséquent autour d'eux, & ils sont nommés Perisciens d'un mot qui signifie la chose même.

Pline & d'autres Auteurs ont remarqué que la ville de Syene que l'on appelle aujourd'hui Asuan sur les frontieres de l'Egypte & de l'Ethiopie, étant sous le Tropique de l'Ecrevisse, le Soleil n'y fait point d'ombre le jour du Solstice, & que pour éprouver la chose on a creusé un puits qui est tout éclairé à l'heure : c'est ce qui a fait dire à Lucain, que Syene ne jettoit l'ombre que d'un côté :

-- Umbras nusquam flectente Syene,

En quoi il est un peu repris par Macrobe, qui trouve que cela est dit trop généralement, & que cependant cela n'arrive que dans un tems.

Le même Lucain en parlant de cer-

tains Arabes, qui avoient été amenés à
Rome, il leur dit qu'ils étoient venus
dans un monde qui leur étoit entierement inconnu, admirant que leurs
ombres n'alloient pas du côté gauche.

Ignotum vobis Arabes veniſtis in orbem
Umbras mirati nemorum non ire ſiniſtras.

C'eſt-à-dire, au midi, à la maniere des
Poetes, qui ſe tournent du côté du
couchant, à cauſe des champs Elyſées.

I line dit la même choſe des Ambaſ-
ſadeurs du Roi Taprobane, qui vin-
rent à Rome du tems de l'Empereur
Claude; mais il ajoute des choſes qui
ſont évidemment fauſſes, ſçavoir, que
l'on ne voyoit pas chez eux le Septentrion, c'eſt-à-dire, la grande Ourſe, &
qu'ils admiroient ces étoiles dont elle
eſt compoſée, & celles des Virgilies,
comme s'ils euſſent été ſous un Ciel
nouveau.

D E S M E S U R E S.

I L n'eſt pas permis à un Géographe
de finir un Traité de la Sphere, ſans
avoir parlé des Meſures qui ſervent

tant à dresser les Cartes, & sans avoir recherché ce que peut valoir un dégré du Ciel évalué avec ses mesures.

Les mesures dont on s'est servi, & celles dont on se sert encore dans le monde, ne sont pas les mêmes dans toutes les Nations : les Grecs se servoient de stades, les Romains de milles, les Gaulois du lieues, les Egyptiens de schenes ou de cordes, les Persans de parasanges, &c. On se servoit quelquefois du mot de course, pour signifier une certaine étendue, quelquefois de journée de chemin, & il faut ici dire un mot de la valeur de ces mesures.

Le stade étoit de cent vingt-cinq pas, le mille ou le milliaire étoit de mille pas ou de 8. stades. Les Romains commençoient à compter les milles, parce qu'ils appelloient le milliaire d'or qui étoit une pierre dorée au milieu de la place du marché, & parce qu'ils marquoient ces milles pas par de grosses pierres ou des colonnes dressées sur de grands chemins, de-là est venu que l'on s'est aussi servi du mot de pierre pour signifier un mille ou milliaire, comme quand on dit à la huitiéme ou à la douziéme pierre, c'est-à-dire, à huit ou à douze milles de Rome.

La lieue Gauloise étoit de 1500. pas ou d'un mille & demi.

Le schene des Egyptiens étoit de 60. stades selon Hérodote, & la parasange des Perses n'en avoit que 30. selon le même Auteur; mais on voit que ces mesures n'étoient pas constantes, qu'il y avoit des schenes de 40. & même de 30. stades, & je crois que l'on peut soupçonner aussi de la différence parmi les parasanges; pour les stades & les milles, je ne crois pas qu'il y en eût.

Aujourd'hui les mesures les plus ordinaires sont les lieues & les milles, mais on se sert aussi de verste en Moscovie, de farsanges en Perse comme anciennement, de cosses dans les Indes, de pa ou de ly dans la Chine, &c. mais ces sortes de mesures nous sont assez inutiles, parce que nous ne sçavons guéres la distance des Villes dans ces endroits-là que par les Européans, qui se servent des mesures qui sont communes parmi eux.

Ce qu'il faut ici principalement re-

marquer, eſt que les lieues ſont différentes en France, en Allemagne, en
Eſpagne, en Angleterre, dans les Pays-
Bas, & par-tout ailleurs, & les milles
de même, & que non ſeulement ces
meſures ſont différentes parmi les différentes Nations, mais que dans un même Royaume, comme celui de France,
il n'y a preſque point de Provinces dont
les lieues ne ſoient différentes ; & quoique cela paroiſſe extraordinaire, on
peut dire encore quelque choſe de plus,
qu'il n'y a peut-être que deux lieues
dans une même Province qui ſe reſ-
ſemblent.

Quand on a bâti les Villes & les Villages, on a eu ou l'on a dû avoir égard
à la qualité du terroir, à la commodité
des eaux, des pâturages, & autres choſes néceſſaires à la vie, à la bonté & à
la pureté de l'air, à l'agrément de la
vue, à l'expoſition par rapport au Soleil
& au vent, & à d'autres choſes ſemblables ; & la choſe du monde à laquelle
on a le moins penſé, a été à une diſtance
réglée de tels & tels endroits, c'eſt
pour cela qu'il a fallu aſſujettir les diſ-
tances aux ſituations ; ainſi ſuppoſé que

l'on ait une mesure réglée de tant de pas ou de tant de toises, ce seroit un grand hazard que cette mesure se trouvât juste entre deux places ; c'est ce qui fait que l'on compte une lieue d'un Village à un autre, quoiqu'il n'y ait que cinq ou six pas, ou même sept ou huit cens pas de plus ou de moins , & voilà d'où vient l'inégalité de toutes les lieues.

Mais n'y a-t-il pas des lieues autorisées par la Police, dont la grandeur soit déterminée comme celle des autres mesures , sçavoir des pieds , des aunes, des toises , &c. ? Je répons à cela que sous le Roi Charles IX. on l'avoit proposé , & de rendre même toutes ces mesures uniformes par tout le Royaume , & que l'on avoit trouvé deux lieues de Paris à Saint Denys, en commençant du parvis de Notre-Dame, mais c'est tout ce qui s'est fait là-dessus, au moins que je sçache , tellement que les lieues sont restées tout comme elles étoient : il faut seulement remarquer que sur les grands chemins, ou les chemins Royaux, les distances sont plus constantes , à cause des passagers pu blics , des rouliers & des poſtes , & que quand on dit qu'il y a cinquante lieues d'une Ville à une autre , cela eſt rarement contredit , au lieu que dans le chemin de traverſe , les uns comptent plus les autres moins , mais les lieues ne ſont pas plus uniformes dans les uns que dans les autres , & ce que je dis ici de la France en particulier , ſe peut dire preſque de tous les autres Pays ; d'où il réſulte que la variété des lieues eſt infinie , que la connoiſſance que l'on peut avoir par-là de la juſte diſtance des places eſt fort incertaine , & que le rapport & l'évaluation, à quelque choſe de fixe & de réglé , eſt fort difficile.

On a inventé un inſtrument , que l'on appelle Odamettre , par lequel on connoît la longueur du chemin que l'on fait , ſans être obligé de le meſurer ni de compter les pas , en ſçachant ſeulement quelle eſt la circonférence de la roue d'une voiture dans laquelle on voyage : cet inſtrument eſt compoſé de quelques roues, de quelques reſſorts, & de quelques index ou aiguilles , le tout enfermé dans une boëte de cuivre, pour être à couvert de la pluie.

On place cet inſtrument ſur l'eſſieu
du carroſſe, proche de la grande roue,
qui marque juſqu'à un certain nombre,
comme ſeroit celui de cent mille ; ainſi
ſuppoſé que la circonférence de la roue
ſoit de quinze pieds, elle fera dans
mille tours quinze mille pieds ou une
lieue, & par-là on ſçaura à chaque moment la longueur du chemin que l'on
aura fait depuis le départ, les aiguilles
marquant toujours juſqu'à ce qu'on
aura fait cent lieues : car alors ces aiguilles ou ces index recommenceront
à marquer tout de nouveau : il y a
même de ces inſtrumens qui ont cela de
particulier, que quand le carroſſe recule
l'aiguille recule auſſi, qu'ainſi elle ne
marque préciſement que le chemin que
l'on fait en avançant.

Mais ce qui s'eſt fait de plus utile
pour la connoiſſance des meſures &
pour la Géographie, a été de déterminer quelle partie de la circonférence de
la terre répond préciſement à un degré
du ciel : on avoit commencé de travailler à cela environ quatre cens ans
avant la naiſſance de Notre Seigneur,
& Riccioli rapporte les opinions de plus

de

de cent Auteurs fur cette matiére, & la maniére dont il s'y prit pour l'examiner.

Les Mathématiciens du tems d'Ariftote croyoient qu'un degré d'un grand cercle valoit onze mille ftades fur la terre, ce qui feroit plus de cinquante-deux lieues communes de France, de vingt-quatre ftades chacune. Environ cent ans après Eratofthenes ne donna que fept cens ftades au degré : il eft vrai qu'Hipparque, qui vint après Eratofthenes, voulut corriger cet Auteur, en donnant quelques 70. ftades de plus à un degré ; mais ceux qui font venus après Hipparque, bien loin de fuivre fa prétendue correction, ont encore ra_courci la mefure d'Eratofthenes, car Poffidonius, qui vivoit dans les derniers tems de la République Romaine, ne donna au degré que fix cens foixante_fix ftades ; & Ptolomée, environ cent vingt ans après Notre Seigneur, ne lui en donna que cinq cens.

Les connoiffances ne viennent que peu à peu à leur perfection, & un Auteur de notre tems, pour faire voir que celles des Anciens étoient fort imparfaites en matiére de Géographie, a employé la différence qui se trouve dans leurs sentimens sur cet article ; mais on pourroit peut-être les excuser, en disant qu'il se trouve tant de différence entre eux, que les premiers se sont servis de fort petites mesures, & que les derniers en ont eu de plus grandes, quoique les uns & les autres ayent donné le même nom à leurs mesures, sçavoir celui de stade. Quoi qu'il en soit, la variété qui se trouve en eux, joint à l'ignorance où l'on est de la maniére dont ils font leur compte, est cause que l'on ne sçauroit faire aucun fondement sur eux.

Les Arabes ont aussi travaillé sur cette matiére, & le Calife Almamon ayant fait assembler plusieurs Mathématiciens dans la grande plaine de Sennaar, & leur ayant fait prendre ensemble la hauteur du Pole, il les sépara, & les fit aller les uns droit au septentrion, & les autres droit au midi ; quand ils eurent trouvé le Pole, les uns abaissé & les autres élevé d'un dégré à l'égard du lieu d'où ils étoient partis, ils s'y en retournérent, & par la supputation

qu'ils firent du chemin qu'ils avoient
fait, il se trouva que les uns avoient
compté cinquante-six milles, & les autres cinquante-six milles & deux tiers,
en quoi la différence étoit si petite, que
l'on crut qu'il ne falloit point y avoir
d'égard,& qu'il falloit désormais compter cinquante-six milles dans un degré ;
néanmoins les Astronomes postérieurs
de deux cens ans à Almamon, mirent
au degré dix milles de plus qu'il n'avoit
fait.

Les Mathématiciens modernes ont
voulu, avec raison, s'assurer par eux-
mêmes d'une chose qui est autant de
conséquence que celle-là. L'Eratosthe-
nes Hollandois, c'est-à-dire Snellius,
a mesuré un grand espace de terre dans
les plaines d'Hollande, où cette opération étoit facile à faire, sçavoir depuis Alcmar dans la Nort-Hollande,
jusqu'à Bergopson dans le Brabant ; &
par cette mesure il a trouvé qu'un degré d'un grand cercle valoit à peu près
vingt-cinq lieues & demie, chaque
lieue composée d'un certain nombre de
perches, & chaque perche de tant de
pieds du Rhin.

Le Pere Riccioli a pareillement mesuré l'espace qui est entre Boulogne &
Ferrare, & a été vingt ans à examiner
le systéme qu'il avoit formé sur cette
mesure, n'osant se fier à Snellius, quoiqu'il sçût bien qu'il étoit habile homme;
mais il appréhendoit qu'il ne se fût servi
d'instrumens qui n'étoient pas assez
exacts , & il croyoit qu'il pouvoit
s'être trompé d'un mille ou environ.

Quelque soin que le Pere Riccioli
ait pris pour rendre sa mesure exacte,
cependant M. Cassini a cru qu'il s'étoit
aussi trompé en quelque chose; mais il
semble que cette grande question a été
enfin décidée par Mrs de l'Académie :
ils ont mesuré avec la derniere exactitude l'espace qui est entre un Village
nommé *Malvoisine*, près de Corbeil en
Gâtinois, & un autre Village nommé
Sourdon, près de Mondidier en Picardie, & ils ont trouvé qu'il y avoit entre
l'un & l'autre cinquante-sept mille soixante toises à la mesure du Châtelet de
Paris ; & comme l'on compte trente-
deux lieues entre ces deux Villages, ils
ont conclu que chacune de ces lieues
étoit de deux mille deux cens quatre-
vingt-deux toises ; & parce que les

lieues de Picardie font entre les plus grandes & les plus petites lieues de France, on a conclu & l'on dit ordinairement que les lieues communes de ce Royaume font de deux mille deux cens quatre-vingt-deux toifes.

Après cela Meffieurs les Mathématiciens ont pris l'élevation de ces deux Villages, fçavoir, de la Malvoifine & de Sourdon, & ils ont trouvé qu'il falloit vingt-cinq de ces lieues pour faire un dégré d'un grand cercle, & que par conféquent la terre avoit de tour 9000. de ces lieues, au lieu qu'auparavant on ne lui en donnoit que 7000. Il n'eft pas befoin de décrire la maniere dont on a fait cette opération ; elle a été faite avec de fort bons inftrumens & une exactitude admirable, & elle eft décrite au long dans le le Livre qui en a été fait exprès fous le titre de la *Mefure de la Terre.*

Avec tout cela comme à cinq ou fix fecondes près, qui font environ cent toifes fur la terre, ils ne pouvoient pas répondre de la juftefle de cette mefure, & que pour avoir la chofe exactement il faudroit avoir mefuré l'étendue de plusieurs dégrés, l'Académie résolut de prolonger de côté & d'autre la Méridienne que l'on avoit déja tirée, & de la pousser jusqu'aux extrêmités du Royaume, c'est-à-dire, à la longueur de huit dégrés, dans laquelle l'erreur ne seroit pas plus grande que dans la longueur d'un seul dégré, & par conséquent ne seroit pas considérable. Pour cela M. Cassini alla avec des Géometres du côté du Midi, & poussa les opérations jusqu'à Saint Sauvier en Berry, frontiere du Bourbonnois, & M. de la Hire du côté du Septentrion, depuis Sourdon jusqu'à Moncassel; mais la mort de M. Colbert empêcha les uns & les autres d'aller jusqu'au haut.

On a plusieurs fois réiteré depuis les voyages, les opérations, les mesures. M. Cassini chargé encore de mesurer le Méridien entier de la France, partagea ce Méridien en deux arcs; l'un compris depuis Paris jusqu'à l'extrêmité méridionale du Royaume; l'autre depuis Paris jusqu'à l'extrêmité septentrionale. Un des avantages qu'avoient ces opérations sur celle de M. Picard, étoit la grandeur de ces arcs.

L'autre, c'étoit de pouvoir donner la
comparaifon de deux arcs du Méridien,
l'un au Midi, l'autre au Nord. Car s'il
y avoit quelque inégalité entre les dégrés de la terre, comme le prétendoient
Meffieurs Newton & Huygens, cette
inégalité devroit être decouverte d'autant plus furement, que fur plufieurs
dégrés, ces différences devoient fe trouver accumulées.

En 1718. M. Caffini donna le Livre
De la grandeur & de la figure de la Terre,
dans lequel après avoir rapporté toutes
les opérations qu'il avoit déja faites, il
concluoit non feulement que la terre
étoit allongée, mais encore il détermi-
noit la quantité de l'allongement, &
toutes les dimenfions de la figure que
la terre avoit. C'étoit un Ellipfoïde al-
longé vers les Poles, dont l'axe étoit
de 6579368. toifes, & dont le diamétre de l'Equateur étoit de 6510796. &
le premier dégré au Nord de Paris, que
M. Picard avoit déterminé de 57060.
toifes, n'étoit que de 56975. toifes.
L'objet principal de cet ouvrage, celui
qui avoit le plus d'utilité, c'étoit la Table qu'on y trouve de la valeur de cha-

D d iiij

que dégré du Méridien, de chaque dé-gré de latitude. Toutes les autres me-sures que prirent depuis Messieurs Cas-sini , pere & fils , en 1733. 1734. & 1736. confirment cette table.

Ces mesures se trouvant si contrai-res à la figure que les loix de l'Hydros-tatique sembloient donner à la terre, & la décision de cette question paroissant fort importante , le Roi ordonna en 1726. qu'un nombre d'habiles Mathé-maticiens de l'Académie des Sciences , iroient, les uns à l'*Equateur* , les autres au *Cercle Polaire*, prendre des mesures qu'on regardoit comme plus décisives, que celles que Messieurs Cassini avoient prises en France.

Messieurs Godin , de la Condamine, Bouguer , & quelques autres envoyés vers l'Equateur partirent les premiers : Messieurs de la Condamine & Bouguer sont de retour depuis 1745. Messieurs de Maupertuis , Camus , Clairaut , le Monnier, &c. allerent vers le Pole : animés du même esprit , de l'envie d'ê-tre utiles , tous partirent avec la même ardeur. Le Public n'est pas encore informé des mesures des Académiciens envoyés à l'Equateur ; mais ceux du

Cercle Polaire en ont apporté qui contredifent tout ce qu'ont fait Meffieurs Caffini, & qui font la terre applatie. M. de Maupertuis & fes illuftres affociés ont trouvé le dégré du Méridien, là où il coupe le cercle polaire, de 57438. c'eft-à-dire, d'environ 1000. toifes plus grand qu'il ne devoit être, fuivant la table de Meffieurs Caffini. Quoique les opérations de ceux qui ont été envoyés vers l'Equateur, ne foient pas encore rendues publiques, on affure que leurs mefures s'accordent avec celles des Académiciens envoyés au Cercle Polaire. Ceux qui feroient curieux d'approfondir cette matiere, que nous ne pouvons qu'indiquer ici, doivent lire l'ouvrage des Académiciens qui ont été au Cercle Polaire, fçavoir, *La figure de la terre déterminée par les Obfervations de Meffieurs de Maupertuis, Clairaut, Camus, le Monnier, &c.* volume *in-8°.* imprimé en 1738. *Les Elémens de Géographie,* par M. de Maupertuis, *in-8°.* 1740. & la *Théorie de la figure de la Terre, tirée des des principes de l'Hydroftatique,* par M. Clairaut, *in-8°.* à Paris, 1743.

Fin du fecond Tome.

TABLE

DES MATIERES.

Fin de la Table.

❖❖❖❖❖❖❖❖ ❖❖❖❖❖❖❖❖ ❖❖❖❖

APPROBATION.

J'Ai lu par ordre de Monſeigneur le Chancelier un Manuſcrit qui a pour titre : *Introduction à la Géographie*, *avec un Traité de la Sphere*, & je n'y ai rien trouvé qui puiſſe en empécher l'impreſſion. Fait à Paris ce 25. Février 1746. BELLIN.

PRIVILEGE DU ROI.

LOUIS, par la grace de Dieu, Roi de France & de Navarre, à nos Amés & Féaux Conſeillers, les Gens tenans nos Cours de Parlement, Maîtres des Requêtes ordinaires de notre Hôtel, Grand Conſeil, Prevôt de Paris, Baillis, Sénéchaux, leurs Lieutenans Civils & autres nos Juſticiers, qu'il appartiendra ; SALUT : Notre Amé ETIENNE-FRANÇOIS SAVOYE, Libraire à Paris, Nous a fait expoſer qu'il déſireroit faire imprimer & donner au Public un Ouvrage qui a pour titre ; *Introduction à la Géographie avec un Traité de la Sphere*, s'il nous plaiſoit lui accorder nos Lettres de Privilége ſur ce néceſſaires : A CES CAUSES, voulant favorablement traiter l'Expoſant, Nous lui avons permis & permettons par ces Préſentes, de faire imprimer ledit Ouvrage en un ou pluſieurs Volumes, & autant de fois que bon lui ſemblera, & de le vendre, faire vendre & débiter par tout notre Royaume pendant le tems de ſix années conſécutives, à compter du jour de la date defdites Préfentes. Faifons défenfes à toutes fortes de perfonnes de quelque qualité & condition qu'elles foient, d'en introduire d'impreffion étrangere dans aucun lieu de notre obéiffance ; comme auffi à tous Libraires & Imprimeurs, d'imprimer ou faire imprimer, vendre, faire vendre, débiter ni contrefaire ledit Ouvrage, ni d'en faire aucuns extraits, fous quelque prétexte que ce foit d'augmentation, correction, changement ou autres fans la permiffion expreffe & par écrit dudit fieur Expofant, ou de ceux qui auront droit de lui, à peine de confifcation des Exemplaires contrefaits, de trois mille livres d'amende contre chacun des contrevenans, dont un tiers à Nous, un tiers à l'Hôtel-Dieu de Paris, l'autre tiers audit Expofant, ou à celui qui aura droit de lui, & de tous dépens, dommages & intérêts : A la charge que ces Préfentes feront enregiftrées tout au long fur le Regiftre de la Communauté des Libraires & Imprimeurs de Paris, dans trois mois de la date d'icelles ; que l'impreffion dudit Ouvrage fera faite dans notre Royaume & non ailleurs, en bon papier & beaux caractéres, conformément à la feuille imprimée attachée pour modele fous le contre-fcel des Préfentes ; que l'Impétrant fe conformera en tout aux Reglemens de la Librairie, & notamment à celui du dixiéme Avril mil fept cent vingt-cinq ; qu'avant de l'expofer en vente, le Manufcrit qui aura fervi de copie à l'impreffion dudit Ouvrage fera remis dans le même état où l'Approbation y aura été donnée, ès mains de notre très-cher & féal Chevalier, le sieur DAGUESSEAU, Chancelier de France, Commandeur de nos Ordres, & qu'il en sera ensuite remis deux Exemplaires dans notre Bibliothéque publique, un dans celle de notre Château du Louvre, & un dans celle de notre très-cher & féal Chevalier le sieur DAGUESSEAU, Chancelier de France ; le tout à peine de nullité des Présentes : Du contenu desquelles vous mandons & enjoignons de faire jouir ledit Exposant & ses ayans cause pleinement & paisiblement, sans souffrir qu'il leur soit fait aucun trouble ou empêchement ; Voulons que la copie desd. Présentes qui sera imprimée tout au long au commencement ou à la fin dudit Ouvrage, soit tenue pour duement signifiée, & qu'aux Copies collationnées par l'un de nos Amés, feaux & Sécretaires, foi soit ajoutée comme à l'original. Commandons au premier Huissier ou Sergent sur ce requis de faire pour l'exécution d'icelles tous actes requis & nécessaires, sans demander autre permission, & nonobstant clameur de Haro, Charte Normande, & Lettres à ce contraires : CAR tel est notre plaisir. Donné à Versailles le trente-uniéme jour du mois de Mars, l'an de grace mil sept cent quarante-six, & de notre Régne le trente-uniéme. Par le Roi en son Conseil.

SAINSON.

Régistré sur le Régistre XI. de la Chambre Royale des Libraires & Imprimeurs de Paris, N°. 590. Fol. 518. conformément aux anciens Réglemens confirmés par celui du 28. Février 1723. à Paris, le 5. Avril 1746.

VINCENT, Syndic.

CATALOGUE

Des Livres imprimés chez SAVOYE.

1746.

APparat Royal, ou Dictionnaire François Latin, in 8.

Année Evangélique, ou Homélies sur les Evangiles pour tous les Dimanches de l'Année ; par *M. Lambert*, in 12. 7. vol.

Année Ecclésiastique, ou Instructions sur le Propre & le Commun des Saints, in 12. 15. vol.

L'Adoration Perpétuelle du Très-Saint Sacrement de l'Autel, avec des Priéres pour les Agonisans, in 12.

Annales de Tacite, trad. par *M. Guerin*, in 12. 3. vol.

L'Ane d'Or d'Apulée, avec le Démon de Socrate, in 12. 2. vol.   5 l.

L'Amour Pénitent, trad. du Lat. in 12. 3. vol.

Barême, Comptes faits, in 12.

——Arithmétique, in 12.

——Livre nécessaire, in 12.

Tome II.   E e

—Parties doubles, in 8.

Baillet ; les Vies des Saints , & l'Histoire des Fêtes & des Mystéres de l'Eglise, in 4. 10. vol.

Catéchisme du Concile de Trente, in 12.

Concile de Trente, in 12.

Catechismus Concilii Tridentini, in 24.

Canones & Decreta Concilii Tridentini, in 24.

Le Chemin du Ciel , & le plus court Chemin pour aller à Dieu, deux ouvrages du *Cardinal Bona*, nouvellement traduits, in 12.

Connoissance de la bonté & miséricorde de Dieu par *M. de Palafox* in 12.

Connoissance de la Mythologie, in 12.

Droits Honorifiques ; par *Maréchal*, in 12. 2. vol.

Discours sur la Vie Ecclésiastique ; par *M. Lambert*, in 12. 2. vol.

Discours en forme de Lettres de N. S. J. C à l'Ame dévote, in 18.

Epitres-Evangiles , avec des réflexions, pratiques & prieres, in 12.

—*La même*, in 18.

—*La même*, avec les Epitres & Evangiles des Dimanches & Fêtes seulement.

Expérience de Physique de *Poliniere*,
   in 12. 2. vol.   5. l.

Examens particuliers sur divers sujets ;
   par *M. Tronçon*, in 4.

Fréquente Communion ; par *M. Ar-*
   nauld, in 8.

Histoire de l'Abbaye de Saint Germain
   des Prez, Figures, in fol.

Histoire de l'Empire Ottoman, in 4.

—— *La même*, 4. vol. in 12.

Histoire des Juifs par Flavius Joseph,
   trad. par *M. Arnauld d'And.lli*, aug-
   mentée de deux fragmens & de notes
   historiques & critiques, in 12. 6. vol.

Histoire de la Philosophie Hermetique,
   in 12. 3. vol.

Histoire Romaine de Tite-Live, trad.
   par *M. Guerin*, in 12. 10. vol.

Histoire de Louis XIV. par *Larrey*,
   in 12. 9. vol.

Histoire de Philippe Auguste, in 12.
   2 vol.

Histoire de Suger, Abbé de Saint Denys,
   & Ministre de France, in 12. 3. vol.

Histoire des Plantes de l'Europe ; par
   Bauhain, Figures, in 12. 2. vol.

Histoire du Mont Vesuve, in 12.

Horace de Sanadon, 2. vol. in 4.

E e ij

Introduction à la Géographie, avec un Traité de la Sphere, 2. vol. in 12.

Interprétation sur les Pseaumes, avec la Vie de David, in 4.

L'Imitation de J. C. imprimée avec soin, & enrichie de belles Figures, in 8.

L'Imitation de J. C. avec des réflexions, des pratiques & des prieres à la fin de chaque Chapitre, & une Récapitulation ou Analyse à la fin de chaque Livre ; Figures, in 12.

—— *La même*, in 18.

—— *La même*, in 24. sans les Réflexions.

L'Imitation de J. C. par M. l'Abbé de *Choisy*, in 12.

Introduction à la Vie dévote, par Saint François de Sales, in 18.

—— *La même*, in 32.

Instructions Chrétiennes sur le Sacrement de Mariage, in 18.

Instructions du Rituel Romain, à l'usage du Diocese d'Alet, in 12.

Lettres de S. Jerôme, trad. en Franç. avec des notes tres exactes, & beaucoup de remarques sur les endroits difficiles, in 12. 4. vol.

Lettres de M. de *Sainte-Marthe* sur divers sujets de piété, in 12. 2. vol.

Le Livre de Saint Augustin, de l'utilité de la Foi, in 12.

Mauriceau, Traité des Maladies des femmes groſes, in 4. 2. vol.

Métamorphoſes d'Ovide ; par *M. du Ryer*, avec de nouvelles explications à la fin de chaque Fable ; Figures, in 12. 4. vol.

Le Maître Italien, dans ſa derniere perfection, in 12.

Miſſel Romain, ſelon le Réglement du Concile de Trente, in 12.

Melanie, ou la Veuve charitable, Hiſtoire morale, in 12.

Maximes Saintes & Chrétiennes, in 18.

Maximes & Penſées ſur différens ſujets de Morale, in 12.

Le Nouveau Parfait Maréchal, avec un Dictionnaire des termes de Cavalerie ; Figures, in 4.

Nouveau Recueil des plus beaux Secrets de Médecine pour la guériſon de toutes ſortes de maladies ; par M. l'*Emery*, in 12. 4. vol.

Œuvres de M. de Tourreil de l'Académie, in 4. 2. vol.

—*Les mêmes*, 4. vol. in 12.

Œuvres de M. l'Abbé de S. Réal, avec

des augmentations nouvelles ; Figures, in 4. 3. vol.　　　　30 l.

—*Les mêmes*, 6. vol. in 12.

Les Oracles des Sibylles ; par M. *Pommiers*, in 12.

L'Office de la Semaine-Sainte, à l'usage de Rome & de Paris, in 12.

—*Le même*, in 18.

Pensées pieuses tirées du Nouveau Testament, in 18.

Pseaumes en forme de Prieres. Paraphrase, in 12.

Pratique de la Priere continuelle ; par M. *Hamon*, in 12.

—*Du même*, Recueil de divers ouvrages, in 12.

Le Pastoral de Saint Grégoire le Grand, in 18.

Rhétorique, ou les Régles de l'Eloquence ; par M. *Gibert*, in 12.

Réflexions des Saints Peres sur la Sainte Eucharistie, appliquées aux Evangiles des Dimanches & Fêtes, in 12.

Réflexions sur la miséricorde de Dieu ; par Madame la Duchesse de *la Valiere*, Figures, in 12.

Renouvellement des vœux du Baptême, prouvé par l'Ecriture & les Saints Peres, in 18.

Sermons du R. P. Hubert, pour l'Avent & le Carême, Myfteres & Panégyriques, in 12. 6. vol.

Sermons fur les Evangiles de l'Avent & du Carême, fur divers fujets de Morale, in 12. 5. vol.

Traité de la Vérité de la Religion Chrétienne ; par *Jacques Abbadie*, in 12. 4. vol

Traité des Superftitions ; par M. *Thiers*, in 12. 4. vol.

Théorie & Pratique des Sacremens, in 12 3. vol.

Théologie Morale, fuite de la Théorie & Pratique des Sacremens, in 12. 4. vol.

Voyages de Pietro Della Vallé, Gentilhomme Romain ; Figures, in 12. 8. vol.

Vie de Madame de Miramion, in 4.

—— *La même*, in 12.

Vie de S. Dominique de Gufman, in 4.

Nouveau Traité de la Civilité qui fe pratique en France, in 12.

Suite de la Civilité, ou Traité du Point d'honneur, in 12.

Traité de la Jaloufie, ou Moyens d'entretenir la paix dans le Mariage, in 12.

Traité de la Pareffe, ou l'Art de bien

employer le tems dans toutes fortes de conditions, in 12.

Les Mémoires de Montecuculli, Gé-
néralissime des Troupes de l'Empereur, in 12.

La Rhétorique à l'usage des Demoisel-
les, in 12.

Sermons choisis sur les Mystéres, la
vérité de la Religion, différens sujets de la Morale Chrétienne, 14.
vol. in 12.

Exercices sur les Sacremens de Péni-
tence & de l'Eucharistie, par des Prieres courtes & des Elevations à Dieu,
in 12.

Conduite Chrétienne, durant la Con-
fession & Communion, dédiée à
Madame la Chanceliere, in 18.

Pseaumes à trois colonnes, Hebreu,
Latin, Vulgate, in 12.

Pseaumes Latins & François, in 18.

Explication littérale de l'Ouvrage des
six Jours, mêlée de Réflexions mo-
rales, in 12.

Idée de la Conversion du Pécheur, in 12.
— *Le même*, gros caractére, 2. vol.

Le Catechisme des Indulgences & du
Jubilé, à l'usage des Confesseurs &
des Pénitens, in 12.   FIN.